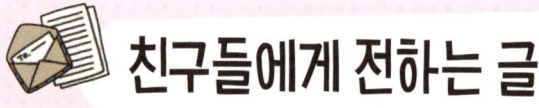
친구들에게 전하는 글

친구들, 안녕?
제주에 사는 은솔, 은재 엄마예요. 아줌마도 딸이 둘 있는데,
SNS 대화를 하거나 학교 숙제를 할 때 맞춤법을 자주 틀리곤 해요.
매번 고쳐주고 싶지만 글쓰기를 싫어하게 될까 봐 꾹꾹 참는답니다.
그리고 초등학교에 다니는 둘째 녀석이 자꾸 줄임말을 쓰면서
저더러 못 알아듣는다고 핀잔을 주니 속상해요. 😢

요즘은 재미난 신조어까지 유행하다 보니 어렵기만 한 맞춤법을
꼭 알아야 하나 의문이 들기도 하지요? 맞춤법과 띄어쓰기는
우리가 말하고 글을 쓸 때 함께 지키기로 한 약속이에요.
그런데 이 약속을 지키지 않고 각자 마음대로 쓰면
우리의 소중한 한글이 점점 사라지고 말 거예요.
지금부터 바른 말을 쓰도록 노력하지 않으면 어른이 되어서도
맞춤법을 틀려서 곤란한 상황을 겪게 돼요.
남자 친구, 여자 친구에게 사랑 고백을 하는데 맞춤법을 틀리고,
유명한 유튜버가 되고 연예인이 돼서 팬들과 소통하는데
자꾸 맞춤법을 틀리면 너무너무 창피할 거예요.

맞춤법을 익히는 데는 정답이 없어요.
어른들도 어려워하는 맞춤법은 한 번 익힌다고 내 것이 되지는 않아요.
궁금할 때마다 찾아보고 눈에 익어야 비로소 내 것이 되지요.
이 책을 만든 아줌마도 잡지사에서 기사를 쓰고,
출판사에서 여러 작가들의 글을 매만지는 일을 오랫동안 해왔지만
지금도 모호한 낱말은 꼭 찾아보고 띄어쓰기도 올바르게 썼는지 살펴요.

우리 친구들이 SNS를 하거나 글쓰기를 할 때 궁금한 낱말을
쉽게 찾아보며 도움이 되도록 이 책을 만들었어요.
친구들이 자주 틀리는 맞춤법 낱말을 고르고 골라 싣고,
어려운 문법적인 설명 대신 짧고 쉽게 설명했어요.
예문마다 등장하는 귀여운 친구들과 함께 눈과 입으로 익히며,
가까이 두고 자주 들춰보는 책이 되었으면 좋겠어요.
이 책을 읽고 가족과 친구들에게 익힌 맞춤법을 '아는 척' 해 보세요.
더 욕심을 내자면 이 책에 나온 낱말과 예문을 활용해서
한 줄 글쓰기, 짧은 글짓기, 일기쓰기를 해 보는 친구가 있다면
더없이 기쁠 거예요. ☺

- 제주에서 이미선 -

친구들에게 전하는 글 2
이 책의 활용법 6

 **틀리기 쉬운 OX 맞춤법**

ㄱ~ㄴ … 10   ㅈ~ㅊ … 105
ㄷ~ㄹ … 42   ㅌ~ㅎ … 116
ㅁ~ㅂ … 51   그 밖의 OX 맞춤법 … 122
ㅅ~ㅇ … 72

 **뜻이 서로 다른 맞춤법**

ㄱ~ㄴ … 130   ㅅ~ㅇ … 165
ㄷ~ㄹ … 141   ㅈ~ㅊ … 180
ㅁ~ㅂ … 151   ㅋ~ㅎ … 190

 **꼭 알아야 할 띄어쓰기**

ㄱ~ㄹ … 196
ㅁ~ㅇ … 209
ㅈ~ㅎ … 229

 **예쁜 우리말 익히기**

ㄱ~ㄹ … 242
ㅁ~ㅇ … 259
ㅈ~ㅎ … 280

한자어 고쳐 쓰기 294
일본 말 고쳐 쓰기 304
틀리기 쉬운 외래어 306
문장 부호 익히기 308
찾아보기 312

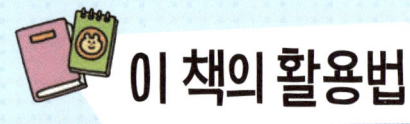
이 책의 활용법

1장 틀리기 쉬운 OX 맞춤법

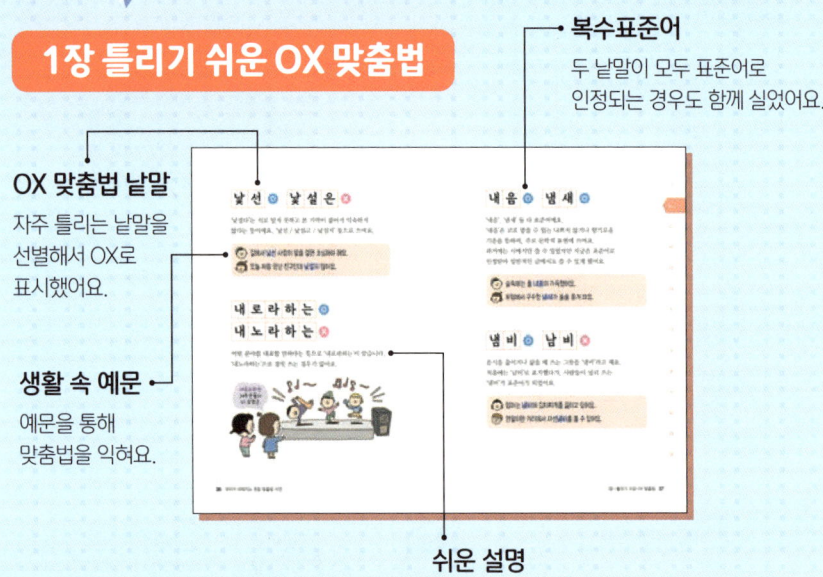

복수표준어
두 낱말이 모두 표준어로 인정되는 경우도 함께 실었어요.

OX 맞춤법 낱말
자주 틀리는 낱말을 선별해서 OX로 표시했어요.

생활 속 예문
예문을 통해 맞춤법을 익혀요.

쉬운 설명
이해하기 쉽게 간단한 설명을 덧붙였어요.

2장 뜻이 서로 다른 맞춤법

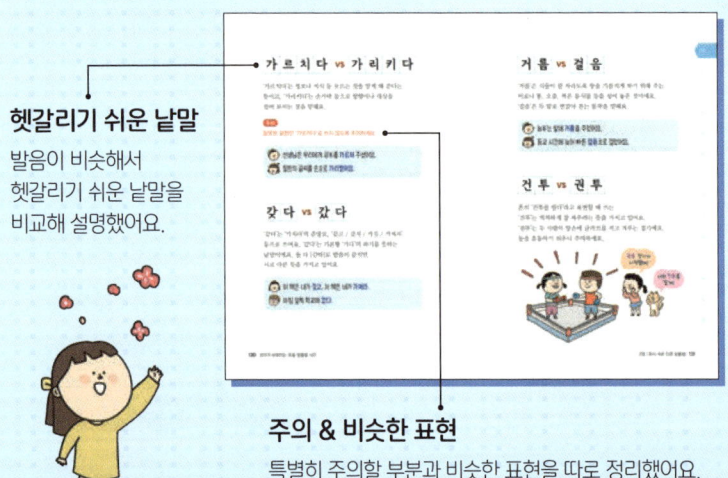

헷갈리기 쉬운 낱말
발음이 비슷해서 헷갈리기 쉬운 낱말을 비교해 설명했어요.

주의 & 비슷한 표현
특별히 주의할 부분과 비슷한 표현을 따로 정리했어요.

3장 꼭 알아야 할 띄어쓰기

비교 설명
띄어쓰기와 붙여쓰기가 둘 다 가능한 경우 밑줄로 비교 설명했어요.

띄어쓰기 낱말
헷갈리기 쉬운 띄어쓰기 낱말을 선별해서 실었어요.

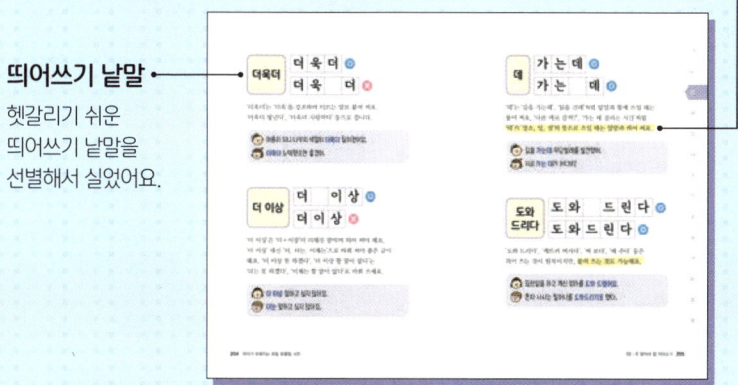

4장 예쁜 우리말 익히기

예쁜 우리말
생활 속에서 쓸 수 있는 우리말을 선별해서 예문과 함께 실었어요.

같은 말 & 반대말
대표 낱말과 같은 말, 반대말을 함께 정리했어요.

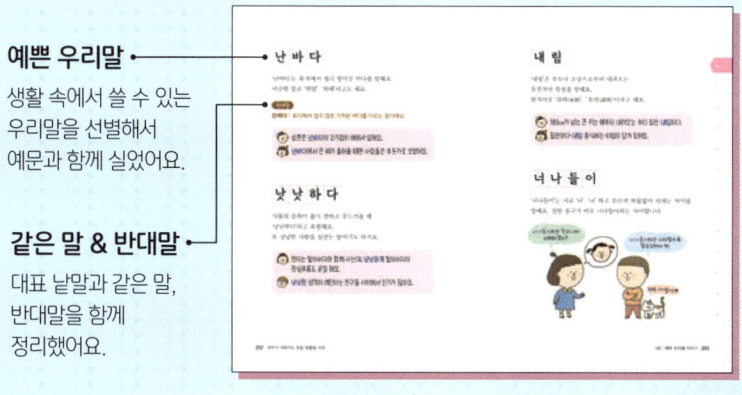

● 일러두기
1. 이 책의 낱말과 뜻풀이는 국립국어원 《표준국어대사전》을 기준으로 삼았습니다.
2. 맞춤법과 띄어쓰기 규정은 국립국어원 표준어 규정을 따랐습니다.
3. 본문은 주제별로 장을 나누고 각각 ㄱㄴ 순으로 정리했습니다.
4. '찾아보기'에는 본문에 소개한 총 630개의 낱말을 정리해서 쉽게 찾아볼 수 있습니다.

1장

'가려고(○) 갈려고(×)', '깨끗이(○) 깨끗히(×)'처럼
틀리기 쉬운 맞춤법을 선별하여 실었습니다.
'자장면(○) 짜장면(○)'처럼 두 낱말을 허용하는
복수표준어도 함께 소개했습니다.

틀리기 쉬운 OX 맞춤법

가게 ⭕ 가개 ❌

물건을 파는 집을 '가게'라고 해요. 가게는 한자어에서 비롯된 말이며, 길가나 장터에서 물건을 팔기 위해 임시로 지은 집을 '가가(假家)'라고 하던 것이 '가게'로 발음이 바뀌었어요.

주의

'게'와 '개'는 틀리기 쉬운 낱말이에요.
'바닷게, 멍게', '무지개, 지우개'로 구별해서 씁니다.

 장난감 **가게**에서 멋진 로봇을 보았어요.
 시장은 **가게**마다 물건을 사러 온 사람들로 붐볐어요.

가려고 ⭕ 갈려고 ❌

'가다'는 한 곳에서 다른 곳으로 장소를 옮기는 것을 뜻해요. 흔히 '갈려고', '올려고', '할려고'라고 쓰는 일이 많은데, '가려고', '오려고', '하려고'가 맞는 말이에요.

 나는 학교에 **가려고** 차를 탔어요.
 우리도 지금 집에 **가려고** 했어.

가 르 다 갈 르 다

'가르다'는 쪼개거나 나누어 따로따로 되게 하는 것을 뜻해요.
'가르니 / 갈라 / 갈라서'로 쓰여요.

> 서로 편을 **가르면** 안 돼요.
> 사과를 두 조각으로 **갈라서** 나누어 먹었어요.

간 질 이 다 간 지 르 다

'간질여 / 간질이고 / 간질이니'가 맞는 표현이에요.
'간질러 / 간지르고 / 간지르니'로 쓰지 않도록 주의하세요.

비슷한 표현
'간질이다'와 같은 뜻으로 '간지럽히다'도 표준어예요.

강낭콩 강남콩

'강낭콩'은 줄기가 덩굴을 이루는 콩과의 한해살이풀이에요. 원래 중국의 강남에서 나는 콩이라는 뜻으로 '강남콩'이라 불렀어요. 그 후 사람들이 '강낭콩'을 자주 사용하면서 '강낭콩'이 표준어가 되었어요.

 며칠 전에 심은 **강낭콩**의 새순이 올라왔어요.
 강낭콩 덩굴에 예쁜 연보라색 꽃이 피었어요.

같아 같애

크기나 모양이 같고, 서로 비교해서 다르지 않을 때 쓰는 말이에요. 기본형은 '같다'이며, '같아 / 같아요' 등으로 쓰여요. 대화 속에서 '-같아'를 '-같애'라고 잘못 쓰는 경우가 많아요.

 하늘을 보니 곧 비가 올 것 **같아**.
 노래를 들으면 공부가 더 잘되는 것 **같아**.

| 개 | 구 | 쟁 | 이 | | 개 | 구 | 장 | 이 |

어떤 분야의 기술자를 가리킬 때는 '-장이'가 붙고
그 외는 '-쟁이'가 붙어요. '개구쟁이', '멋쟁이', '심술쟁이',
'고집쟁이', '겁쟁이'로 씁니다.

비슷한 표현

건물을 지을 때 흙이나 시멘트를 바르는 일을 하는 사람을 '미장이',
갓을 만드는 일을 하는 사람을 '갓장이'라고 해요.

 저기 담벼락에서 놀고 있는 **개구쟁이**는 제 동생이에요.

 우리 반 남자아이들은 **개구쟁이**예요.

| 개 | 수 | | 갯 | 수 |

'개수'는 한 개씩 낱으로 셀 수 있는 물건의 수를 말해요.
개수(個數)는 한자어로 두 한자 사이에는 'ㅅ'을 붙이지 않아요.
따라서 '갯수'는 틀린 말이에요.

 남은 사탕의 **개수**를 세어 보세요.

 치아의 **개수**는 몇 개일까요?

개었다 ⭕ 개였다 ❌

'개었다'는 흐리거나 궂은 날씨가 맑아지는 것을 뜻하며 기본형은 '개다'예요. 여기에 과거를 나타내는 '었'을 붙여 '개었다'라고 씁니다. '갰다'로 줄여서 표현하기도 해요.

 오전에는 날씨가 흐리더니 오후에 화창하게 **개었다**.

 비가 **개어** 하늘이 맑아졌어요.

거르다 ⭕ 걸르다 ❌

'거르다'는 찌꺼기나 건더기가 있는 것을 거를 때 쓰는 말이에요. 또 '식사를 거르다'처럼 차례대로 나아가다가 순서나 자리를 빼고 넘긴다는 뜻도 있어요.
'걸러 / 거르니'로 쓰입니다.

거야 ⭕ 꺼야 ❌

'거야'는 '것이야'의 구어적인 표현이에요.
구어는 일상적인 대화 속에서 쓰는 입말을 뜻해요.
'꺼야'는 틀린 표현이에요.

비슷한 표현
'할께', '할껄', '꺼예요'도 '할게', '할걸', '거예요'가 맞는 말이에요.

> 올해는 좋은 일만 생길 **거야!**
> 네가 마음먹은 대로 하면 되는 **거야.**

거예요 ⭕ 거에요 ❌

'거예요'는 '것이에요'의 구어적인 표현이에요.
'-예요'는 '-이에요'의 준말로, 받침 없는 낱말 뒤에 써요.
'것이에요'처럼 앞말에 받침이 있을 때는 '-이에요'를 씁니다.

> 선생님은 곧 교실로 오실 **거예요.**
> 누나는 그 사실을 아마 모를 **거예요.**

거의 ⭕ 거이 ❌

'거의'는 어느 한도에 매우 가까운 정도를 뜻해요.
[거의 / 거이]로 두 가지 발음이 모두 허용되지만
쓸 때는 '거의'로 적어야 해요.

> 학교에 **거의** 다 왔다.
>
> 태권도를 배운 지 **거의** 삼 년이 되었어요.

건더기 ⭕ 건데기 ❌

국이나 찌개 등의 국물이 있는 음식 속에
들어 있는 것을 '건더기'라고 하며,
'건데기', '건덕지'는 건더기의 사투리예요.

비슷한 표현

라면을 끓일 때 함께 넣어 국물 맛을 내는 수프도
'건데기 스프'가 아닌 '건더기 수프'로 써야 해요.

> 점심시간에 **건더기**만 먹고 국물은 남겼어요.
>
> 부대찌개는 여러 가지 **건더기**가 푸짐해서 맛있어요.

| 게 | 시 | 판 | | 계 | 시 | 판 | |

여러 사람에게 알리기 위해 내붙여 보게 하는 것을
'게시하다'라고 해요. '게시판'은 여러 사람에게 알릴 내용을
내걸어서 보이게 하는 판이에요.

> **비슷한 표현**
>
> '휴계실'도 잘못된 표현이며 '휴게실'로 써야 해요.

 온라인 카페 **게시판**에 새로운 글이 올라왔네!
 학교 **게시판**에 가을 축제 일정이 공지되었어요.

| 겨 | 우 | 내 | | 겨 | 울 | 내 | |

'겨우내'는 한겨울 동안 계속해서라는 뜻이며,
'겨울내'로 쓰지 않도록 주의하세요.

> **비슷한 표현**
>
> '가으내'도 '가을+내'가 결합한 낱말로 'ㄹ'이 없어졌어요.
> '내'는 계속해서라는 뜻을 가지고 있어요.

 곰은 날씨가 추워지면 동굴에 들어가 **겨우내** 잠을 자요.
 겨우내 숨죽이고 있던 작은 씨앗이 머리를 내밀었어요.

| 고 | 랭 | 지 | | 고 | 냉 | 지 | |

'고랭지(高冷地)'는 지대가 높고 기후가 찬 지방을 가리키는 한자어예요. 차갑다는 뜻의 랭(冷)이 들어가는데 냉방(冷房), 냉수(冷水)처럼 낱말의 첫머리에 오면 발음하기 편하게 '냉'으로 바꾸어 써요.
하지만 첫머리가 아니면 '랭'을 살려서 씁니다.

 할머니는 강원도에서 **고랭지** 채소를 재배해요.
 고랭지에서 생산된 배추 값이 더 비싸대요.

| 고 | 마 | 워 | 요 | | 고 | 마 | 와 | 요 | |

'고마워요'가 맞는 표현이에요.
구어체로 자주 쓰이는 '고마와요'로 적지 않도록 주의하세요.

비슷한 표현

그 밖에도 '가까워 / 가까우니', '괴로워 / 괴로우니', '구워 / 구우니'로 써야 해요.

 친절히 대답해 주셔서 정말 **고마워요.**
 저를 도와주셔서 **고마워요.**

－고요 －구요

대화를 할 때 흔히 '-라구요', '-했구요', '-맞구요'처럼 쓰는데, '-라고요', '-했고요', '-맞고요'가 맞는 표현이에요.

> **비슷한 표현**
> '나두 할래!'처럼 '도'를 '두'로 쓰는 일이 있는데, '나도 할래!'가 맞습니다.

- 어제 먹은 음식이 정말 맛있더라**고요**.
- 저는 초등학생이**고요**. 언니는 중학생이에요.

곰곰이 곰곰히

'곰곰이'는 깊이 생각하는 모양을 뜻하며, '곰곰히'로 쓰지 않도록 주의하세요. '곰곰 생각하다'처럼 '곰곰'으로도 써요.

> **비슷한 표현**
> '곰곰 / 곰곰이'처럼 '일찍 / 일찍이',
> '더욱 / 더욱이'도 서로 같은 뜻이에요.

- 어제 일을 **곰곰이** 생각해 보았어요.
- 마음속으로 **곰곰이** 되새겨 보거라.

곱빼기  곱배기

두 사람 양의 음식을 한 그릇에 담는 것을 '곱빼기'라고 해요.
곱빼기의 '곱'은 어떤 수나 양을 두 번 합한 만큼을 뜻하고,
'빼기'는 밥빼기, 악착빼기처럼 앞말 뒤에 붙어서
그런 특성이 있는 사람이나 물건을 뜻해요.

 짜장면을 **곱빼기**로 시켰어요.
 국수를 **곱빼기**로 먹었더니 배가 불러.

과녁

활과 총을 쏠 때 표적으로 만들어 놓은 물건을 '과녁'이라고
해요. 방향을 가리키거나 어떤 때의 무렵을 나타내는 '녘'을
잘못 붙이기도 하는데, '과녁'이 맞는 표현이에요.

비슷한 표현
'동녘', '서녘', '새벽녘', '동틀 녘', '해 질 녘'은 '녘'으로 써야 해요.

 과녁을 향해 화살을 쏘았어요.
 선수들이 **과녁**에 다가가 점수를 확인했다.

'구웠다'는 기본형인 '굽다'에서 온 말로, 불에 익혔다는 뜻이에요.
'구워 / 구우니 / 굽는'으로 쓰여요.

'굳이'는 '고집을 부려 일부러'라는 뜻으로 '굳다'에서 온 말이에요.
소리 나는 대로 '구지'로 적지 않도록 주의하세요.

> **비슷한 표현**
>
> '놀이'노 [노리]라고 발음하지만 '놀다'에서 비롯된 말로, '놀이'로 적어요.

 굳이 그렇게 하겠다면 마음대로 해라.
 친구는 내 선물을 **굳이** 사양했다.

 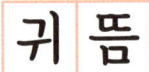

상대편이 눈치로 알아차릴 수 있도록 미리 슬그머니
일깨워 주는 것은 '귀띔'이 맞는 표현이에요.
발음은 [귀띰]으로 해야 해요.

주의
발음 때문에 혼동하기 쉬운데 '귀띰', '귀뜸'은 틀린 말이에요.

 미리 **귀띔**해 주어서 자리를 피할 수 있었어.
 친한 친구가 **귀띔**도 없이 갑자기 전학을 갔어요.

'귓속'은 귀의 바깥쪽에서 고막까지의 구멍을 말해요.
'귓속', '귓구멍', '콧속', '콧구멍'처럼 사이시옷을 적어요.

비슷한 표현
귀와 관련된 낱말로, '귓불'은 귓바퀴의 아래쪽에 붙어 있는 살이에요.
'귓볼'로 쓰지 않도록 주의해야 해요.

 할머니는 **귓속**에 보청기를 끼우셨어요.
 음악 소리가 **귓속**에 울려 퍼졌어요.

| 그 | 러 | 고 | | 나 | 서 |
| 그 | 리 | 고 | | 나 | 서 |

'그러고 나서'는 '그렇게 하고 나서'라는 뜻을 가지고 있어요.
'그리고'에는 '나서'를 붙여 쓸 수 없습니다.

비슷한 표현
'그리고는'도 틀린 표현으로 '그러고는'이라고 써야 해요.

> 간식을 먹을 거야. **그러고 나서** 학원에 가야 해.
> 텔레비전을 껐다. **그러고 나서** 책을 펼쳤다.

| 그 | 러 | 려 | 고 | | 그 | 럴 | 려 | 고 |

'그러려고'는 '그러다'의 '그러-'에 '-려고'가 붙은 거예요.
'이러려고'의 경우도 '이럴려고'는 틀린 표현이에요.

비슷한 표현
'가려고', '보려고'의 경우도 '갈려고', '볼려고'로 쓰지 않도록 주의하세요.

> **그러려고** 해도 안 되는 일이 있다.
> 아마 **그러려고** 미리 준비를 했나 봐.

'애'는 '아이'의 준말임을 기억하면 헷갈리지 않아요.
'그 아이'를 줄여서 '그 애', '걔'라고 해요.

비슷한 표현
'얘'는 '이 아이'를 줄여서 쓴 말이에요.

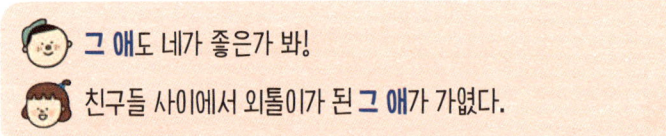

'금세'는 지금 바로라는 뜻으로 '금시에'의 준말이에요.
'금세'와 '금새'가 혼동될 때는 본말인 '금시에'를 떠올리세요.

| 기 | 다 | 란 | | 길 | 다 | 란 |

'기다란'은 매우 길거나 생각보다 길다는 뜻으로
기본형은 '기다랗다'예요.
'기다랗다 / 기다란 / 기다랗고'로 쓰여요.

 제가 좋아하는 동물은 목이 **기다란** 기린이에요.
 사람들이 **기다랗게** 줄을 서 있다.

| 기 | 다 | 려 | | 기 | 달 | 려 |

'기다려'는 '기다리다'가 기본형으로
어떤 사람이나 때가 오기를 바란다는 뜻이에요.
'기다려 / 기다리니'로 쓰여요.
흔히 쓰는 입말투의 '기달려'는 틀린 표현이에요.

 조금만 더 **기다려** 보자.
 미안해서 **기다려** 달라는 말을 못했어.

기와집 기왓집

'기와집'은 지붕을 기와로 인 집을 말해요.
순우리말 '기와'와 '집'이 합해져 만들어진 낱말이에요.
[기와집]으로 발음하고, 발음 그대로 표기하면 돼요.

> 골목길을 따라 **기와집**이 늘어서 있다.
> 산 밑으로 붉은 **기와집**이 한 채 보여요.

기울이다 기우리다

'기울이다'는 비스듬하게 한쪽을 낮추거나
비뚤게 하다는 뜻이에요. '기울여 / 기울이니'로 써요.
발음 나는 대로 '기우리다'로 쓰면 틀려요.

비슷한 표현

'기울이다'는 '정성을 기울이다', '심혈을 기울이다'처럼
정성이나 노력을 한곳에 모은다는 뜻도 있어요.

> 긴 병을 **기울여** 물을 따랐다.
> 제가 정성을 **기울여** 만든 작품이에요.

까다롭다 ⭕
까탈스럽다 ⭕

흔히 성격이나 일이 '까탈스럽다'는 표현을 자주 써요.
처음에는 '까다롭다'만 표준어로 인정했는데
사람들이 자주 쓰면서 '까탈스럽다'도 표준어로 인정되었어요.

> 🧒 엄마는 물건을 고를 때 아주 **까다롭게** 고르는 편이다.
> 👧 **까탈스러운** 입맛에 음식점을 고르기 힘들어.

깎다 ⭕   깍다 ❌

'깎다'는 [깍따]로 발음돼서 혼동하기 쉬운데
'깎다'가 맞는 표현입니다.
'깎아 / 깎으니 / 깎는'으로 쓰여요.

비슷한 표현
'연필깎이', '손톱깎이'의 경우도 '깎이'로 써야 해요.

> 👦 사과 껍질을 **깎아** 주세요.
> 🧑 엄마는 시장에서 물건 값을 이천 원이나 **깎았어요**.

깜박 깜빡

'깜박'과 '깜빡' 둘 다 맞는 표현이에요.
'깜박'은 불빛이나 별빛이 잠깐 어두워졌다
밝아지는 모양을 나타낼 때 쓰는 말이에요.
'깜빡'은 '깜박'보다 센 느낌을 주는 센말이에요.

비슷한 표현

'깜박'은 '깜박 잊었다'처럼 기억이나 의식이 잠깐 흐려지는
모양을 가리키기도 해요.

 전등이 **깜박**대다 이내 꺼져 버렸어요.
 친구와의 약속을 **깜빡** 잊어 버렸어요.

깡충깡충 깡총깡총

'깡충깡충'은 짧은 다리를 모으고 힘 있게 솟구쳐 뛰는 모양을
나타내요. 예전에는 '깡총깡총'으로도 썼지만,
지금은 틀린 표현으로 '깡충깡충'이 표준어입니다.

 아이가 엄마 손을 잡고 **깡충깡충** 뛰어가요.
 노루가 **깡충깡충** 뛰어 숲 속으로 달아났어요.

깨끗이 깨끗히

'깨끗이'처럼 끝말이 분명하게 '이'로만 나는 것은 '-이'로 적고,
'히'로만 나거나 '이'나 '히'로 나는 것은 '-히'로 적어요.
[깨끄시]로 발음하며, 소리 나는 대로 '깨끄시'나 '깨끗히'로
적지 않도록 주의하세요.

 내 방은 내가 **깨끗이** 청소해요.
 잘못 쓴 글자는 지우개로 **깨끗이** 지우면 돼.

꼬드기다 꼬득이다

어떠한 일을 하도록 남의 마음을 꾀어 부추긴다는 뜻으로
'꼬드기다'가 맞고, '꼬득이다'는 틀린 표현이에요.
'꼬드겨 / 꼬드기니'로 쓰여요.

 친구가 학원을 빠지고 게임방에 가자고 **꼬드겼어요**.
 싫다는 친구를 **꼬드겨서** 모임에 함께 나갔어요.

꼬시다 꾀다

'꼬시다'는 '꾀다'를 속되게 이르는 말로, 원래는 표준어가 아니었는데 사람들이 자주 써서 표준어가 되었습니다. '꾀다'는 그럴듯한 말이나 행동으로 남을 속이거나 부추겨서 자기 생각대로 이끈다는 뜻이에요.

 친구가 불량 식품을 먹자고 나를 **꼬셨지만** 거절했어요.

 오디션을 함께 보러 가자고 친구를 **꾀어** 냈다.

끼어들다 끼여들다

'끼어들다'는 자기 순서나 자리가 아닌 틈을 비집고 들어선다는 뜻을 가진 하나의 낱말이에요. 차가 옆 차선에 무리하게 비집고 들어서는 것도 '끼어들기'가 맞는 표현입니다.

비슷한 표현

'끼다'는 '끼이다'의 준말로, '아이들 틈에 끼어(끼여) 앉다'처럼 쓰며 '끼어 / 끼여' 둘 다 맞습니다.

 민수와 나 사이에 갑자기 수연이가 **끼어들었다.**

 우리 차 앞으로 갑자기 커다란 트럭이 **끼어들었어요.**

| 나 | 가 | 려 | 면 | | 나 | 갈 | 려 | 면 |

'나가려면'은 기본형 '나가다'에 어떤 것을 실현하려고
한다면의 뜻을 가진 '-려면'이 붙은 거예요.
흔히 '-려면', '-려다', '-려고' 등을 붙일 때
앞말에 'ㄹ'을 붙여 쓰는 경향이 있는데 잘못된 표현이에요.

비슷한 표현

'사려고'는 기본형이 '사다'이며,
'살려고'는 기본형이 '살다'이므로 구별해서 써야 해요.

> 내일 일찍 **나가려면** 지금 자는 게 좋겠어.
> 대회에 **나가려면** 연습을 더 열심히 해야 해.

| 나 | 더 | 러 | | 날 | 더 | 러 |

'나더러'는 입말투에 쓰는 말이며, '나'에 '-에게'의 의미를 가진
'-더러'가 붙은 거예요. 즉, '나에게'라는 뜻이에요.
'나너러', '서더러', '언니더러', '동생더러' 등으로 쓰여요.

> 언니는 **나더러** 심부름을 대신 다녀오라고 했다.
> **나더러** 그 말을 믿으라고?

나래 ⭕ 날개 ⭕

'나래'는 흔히 문학 작품에서 '날개'를 이르는 말이에요.
'날개'보다 부드러운 어감을 주지요.
과거에는 '나래'를 사투리로 여겨 시에서만 쓸 수 있었지만,
지금은 표준어로 인정되어 일반 글에서도 쓸 수 있어요.

낚다 ⭕ 낙다 ❌

'낚다'는 낚시로 물고기를 잡는 것을 말해요.
'행운을 낚다'처럼 꾀나 수단을 부려 사람을 꾀거나
명예, 이익 등을 제 것으로 만든다는 뜻도 있어요.

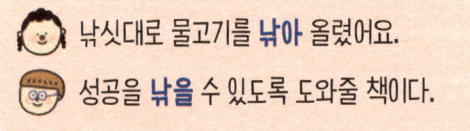

| 낚 | 시 | 꾼 | | 낚 | 싯 | 꾼 | |

'낚시꾼'은 취미로 낚시를 가지고 고기잡이를 하는 사람이에요.
'낚시'와 '꾼'이 합해진 말로, 각각 혼자 쓰일 수 있을 때
'ㅅ'이 붙는데 '꾼'은 혼자 쓰일 수 없기 때문에
'낚시꾼'으로 써야 해요. 각각 혼자 쓰일 수 있는
'낚싯대', '낚싯줄'에는 'ㅅ'이 붙어요.

- **낚시꾼**은 낚싯바늘에 미끼를 꿰었어요.
- 호숫가에 **낚시꾼**이 많이 모여 있어요.

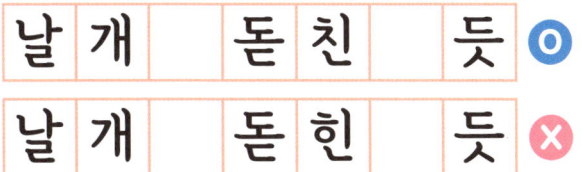

물건이 빠른 속도로 팔리거나 소문이 빨리 퍼지는 것에
'날개 돋친 듯 -하다'라는 표현을 씁니다.

- 새로 나온 패딩 점퍼가 **날개 돋친 듯** 팔렸군.
- 그 친구가 싸움을 잘한다는 소문이 **날개 돋친 듯** 퍼져나갔다.

날 아 가 다 날 라 가 다

'날아가다'는 공중으로 날면서 가는 것을 뜻해요.
기본형은 '날다'로 '날아가 / 날아가니'로 쓰여요.

비슷한 표현

'날아가다'는 가지고 있던 것이 허망하게 없어질 때도 쓰며
'꿈이 날아갔다', '재산이 날아갔다'로 표현해요.

 모자가 바람에 **날아가** 버렸어요.
 놀란 새가 포르르 **날아가요**.

남 녀 남 여

남자와 여자를 아울러 '남녀'라고 해요. 여자(女子)의
'여'는 '녀(女)'가 본래 음이며, 낱말의 첫머리에 오면서
발음하기 편하게 '여'로 바뀐 거예요.
그래서 낱말의 첫머리가 아니면 모두 '녀'로 적어요.

 이 옷은 **남녀**의 구별 없이 입을 수 있어요.
 우리 학교는 **남녀**공학이에요.

| 납 | 작 | 하 | 다 | | 납 | 짝 | 하 | 다 | |

높이가 아주 낮거나 두께가 얇은 것을 '납작하다'라고
표현해요. '그릇이 납작하다', '코가 납작하다',
'뒤통수가 납작하다' 등으로 쓰여요.
발음 때문에 '납짝하다'로 쓰지 않도록 주의하세요.

비슷한 표현

얇으면서 꽤 넓은 것은 '넓적하다'로 표현해요.
'넓적한 접시', '넓적한 돌' 등으로 써요.

 부침개는 **납작하게** 구울수록 더욱 맛있어요.
 캔을 버릴 때는 **납작하게** 눌러서 버려 주세요.

| 낭 | 떠 | 러 | 지 | | 낭 | 떨 | 어 | 지 | |

깎아지른 듯한 언덕을 '낭떠러지'라고 해요.
'떨어지다'는 낱말 때문에 '낭떨어지'로 쓰는 경우가 많은데,
틀린 표현이에요.

 낭떠러지 사이로 낡은 통나무 다리가 놓여 있어요.
 하마터면 **낭떠러지** 아래로 떨어질 뻔했어.

| 낯 | 선 |  | 낯 | 설 | 은 | |

'낯설다'는 서로 알지 못하고 본 기억이 없어서 익숙하지 않다는 뜻이에요. '낯선 / 낯설고 / 낯설지' 등으로 쓰여요.

 길에서 **낯선** 사람이 말을 걸면 조심해야 해요.
 오늘 처음 만난 친구인데 **낯설지** 않아요.

| 내 | 로 | 라 | 하 | 는 | ⭕ |
| 내 | 노 | 라 | 하 | 는 | ❌ |

어떤 분야를 대표할 만하다는 뜻으로 '내로라하는'이 맞습니다. '내노라하는'으로 잘못 쓰는 경우가 많아요.

내음 냄새

'내음', '냄새' 둘 다 표준어예요.
'내음'은 코로 맡을 수 있는 나쁘지 않거나 향기로운 기운을 뜻하며, 주로 문학적 표현에 쓰여요.
과거에는 시에서만 쓸 수 있었지만 지금은 표준어로 인정받아 일반적인 글에서도 쓸 수 있게 됐어요.

> 숲속에는 풀 **내음**이 가득했어요.
> 부엌에서 구수한 **냄새**가 솔솔 풍겨 와요.

냄비 남비

음식을 끓이거나 삶을 때 쓰는 그릇을 '냄비'라고 해요.
처음에는 '남비'로 표기했다가, 사람들이 널리 쓰는 '냄비'가 표준어가 되었어요.

> 엄마는 **냄비**에 김치찌개를 끓이고 있어요.
> 연말이면 거리에서 자선**냄비**를 볼 수 있어요.

널찍하다 넓직하다

'널찍하다'는 꽤 너르다는 뜻이에요.
'널찍하여 / 널찍하니 / 널찍해서'로 쓰여요.

주의
'넓다'라는 낱말 때문에 '넓직하다'로 쓰지 않도록 주의하세요.

> 새로 이사 온 집은 거실이 **널찍해요**.
> 좁던 길이 **널찍하게** 뚫렸어요.

넓다 널다

넓다는 [널따]라고 읽어요. 흔히 [넙따]라고 읽는데
잘못된 발음이에요. '넓어 / 넓으니 / 넓고'로 쓰입니다.

비슷한 표현
꽤 넓다는 뜻의 '널따랗다'는 '넓다'에서 나온 말로,
'널따랗다 / 널따란'이 표준어예요.

> **넓은** 바다를 보니 마음까지 시원해졌다.
> 아저씨는 **널따란** 판자로 책상을 만드셨어요.

넝쿨 덩굴

'넝쿨'과 '덩굴' 둘 다 표준어로, 길게 뻗어 나가면서 다른 물건을 감기도 하고 땅바닥에 퍼지기도 하는 식물의 줄기를 뜻해요.

주의

'덩쿨'은 틀린 말이에요.

 '호박이 **넝쿨**째 굴러 떨어졌다'는 속담이 있어요.
 수박 **덩굴**이 쑥쑥 자라서 울타리를 감아 올라요.

네가 니가

상대를 가리키는 말로 대화할 때 '니가', '너가'라고 쓰기도 하는데, 이는 잘못된 표현이에요. '네가'라고 쓰고 [네가]라고 발음해야 해요.

 이번에는 **네가** 술래를 할 차례야.
 네가 하고 싶은 대로 해도 좋아.

노을 놀

'노을'은 해가 뜨거나 질 무렵에 하늘이 햇빛에 물들어 벌겋게 보이는 현상을 말해요.
'놀'은 '노을'의 준말로, 둘 다 표준어입니다.

> **비슷한 표현**
> '막대기'의 준말 '막대', '오누이'의 준말 '오누'도 모두 표준어예요.

> 서쪽 하늘로 아름답게 **노을**이 져요.
> 강물이 붉은 **놀**에 물들어 있어요.

눈곱 눈꼽

'눈곱'은 눈에서 나오는 진득진득한 액이나 그것이 말라붙은 것을 뜻해요. 또 아주 적다는 것을 비유적으로 이르기도 해요. '눈'과 '곱'은 각각 순우리말로, '곱'은 이물질을 가리키며 두 낱말이 결합한 것으로 뒷말을 된소리로 적지 않아요.

> 세수를 할 때는 **눈곱**을 잘 닦아 내야 해.
> 이제 **눈곱**만큼도 미련이 남아 있지 않아.

눈살 눈쌀

'눈살'은 두 눈썹 사이에 잡히는 주름을 말하며,
'눈쌀'로 잘못 쓰는 경우가 많아요.

비슷한 표현
'ㄲ'과 'ㅆ'으로 발음되는 낱말로 '눈곱', '눈썹'이 맞는 말이에요.

 예의 없는 행동은 사람들의 **눈살**을 찌푸리게 한다.
 엄마는 못마땅한 듯 **눈살**을 찌푸리셨어요.

늑장 늦장

느릿느릿 꾸물거리는 태도를 뜻하는 말로
'늑장'과 '늦장' 모두 표준어예요. 이처럼 둘 다 표준어로
인정하는 것을 '복수표준어'라고 해요.

비슷한 표현
그 밖의 복수표준어로 '봉숭아 / 봉선화', '가엾나 / 가엽나',
대답할 때 쓰는 '네 / 예' 등이 있어요.

 늑장을 부리는 바람에 약속 시간에 늦었어.
 늦장 대처로 사고가 더 커져 버렸다.

－는지 ⭕   －런지 ❌

불확실한 사실의 실현 가능성을 궁금해하는 의문을 나타내는
'－는지'는 '－런지'로 잘못 쓰기 쉬워요.
'할는지', '올는지', '괜찮을는지', '먹을는지'처럼
'－는지'로 써야 해요. '－런지 / －른지'는 모두 틀린 표현이에요.

 아빠가 언제 집에 **오실는지** 잘 모르겠어요.
 그는 성공을 **할는지** 몰라도 소중한 사람을 잃게 될 거야.

다달이 ⭕   달달이 ❌

'다달이'는 '달마다'라는 뜻이에요.
본래 '달+달+이'에서 만들어진 말인데,
앞말의 'ㄹ'이 없어지면서 '다달이'가 되었어요.

비슷한 표현
매일매일을 뜻하는 '나날이'도 '날+날+이'에서 'ㄹ'이 없어진 거예요.

 부모님께 **다달이** 용돈을 받고 있어요.
 학원에서 **다달이** 평가 시험을 봐요.

다행히 다행이

'다행하다', '조용하다', '용감하다'처럼 '-하다'를 붙여서 말이 되면 '-히'를 붙여서 '다행히', '조용히', '용감히'로 쓸 수 있습니다.

주의
단, '깨끗이', '뚜렷이'처럼 앞 낱말의 받침이 'ㅅ'으로 끝나면 '이'를 써요.

 사고가 났는데 **다행히** 사람은 다치지 않았어요.

 할아버지는 **다행히** 이튿날 회복하셨어요.

닦달하다 닥달하다

남을 단단히 윽박질러서 혼낼 때 쓰는 말은 '닥달하다'가 아니라 '닦달하다'가 맞습니다.

담그다 ⭕ 담구다 ❌

김치, 술, 장 등을 만드는 것을 '담그다'라고 하며,
'담가 / 담그니 / 담갔다'로 쓰여요.
'김치를 담그다', '된장을 담그다', '젓갈을 담그다'로 표현해요.

비슷한 표현

'잠그다'의 경우도 '잠궈'가 아닌, '잠가 / 잠그니 / 잠갔다'로 써야 해요.

> 할머니가 직접 김치를 **담가** 주셨어요.
> 집에서 **담근** 된장으로 끓인 된장찌개는 정말 맛있어요.

대가 ⭕ 댓가 ❌

'대가'는 물건의 값으로 치르는 돈이나, 일한 값으로 받은 돈,
또는 노력이나 희생을 통하여 얻는 결과를 뜻해요.
[대까]라고 발음해요.

> 하루 일한 **대가**로 너무 큰돈을 받았어요.
> 노력한 만큼 **대가**를 얻는다.

－대요 ⭕ －데요 ❌

'－대요'는 '－다고 해요'가 줄어든 말이에요.
또는 아이들의 입말투로, 알고 있는 것을 일러바칠 때 쓰는 표현이기도 합니다.

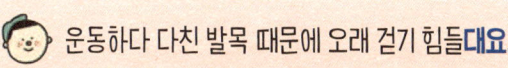
운동하다 다친 발목 때문에 오래 걷기 힘들**대요**.

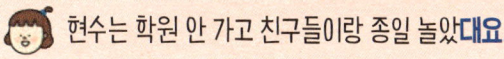
현수는 학원 안 가고 친구들이랑 종일 놀았**대요**.

덥석 ⭕ 덥썩 ❌

왈칵 달려들어 물거나 움켜잡는 모양을 나타낼 때 '덥석'이 맞는 표현이에요. [덥썩]으로 발음하며, 소리 나는 대로 쓰지 않도록 주의하세요.

비슷한 표현
갑자기 힘없이 주저앉거나 쓰러지는 모양을 나타낼 때는 '털썩', '풀썩'으로 씁니다.

황새가 물고기를 **덥석** 물었어요.

장사꾼의 말에 그 물건을 **덥석** 사 버리고 말았다.

| 돌 | 잔 | 치 | | 돐 | 잔 | 치 | |

'돌잔치'는 어린아이가 태어난 날로부터 한 해가 되는 날에 베푸는 잔치예요. 과거에는 '돐잔치'로 쓰기도 했지만, 현재는 '돌잔치'가 표준어입니다.

> **비슷한 표현**

'돌'은 생일이 돌아온 횟수를 세는 단위로,
태어나서 처음 맞는 생일을 '첫돌', 두 해째는 '두 돌'이라고 표현해요.

 우리 가족은 **돌잔치**에 초대 받았어요.

 돌잔치 때는 실타래, 돈, 책 등을 올려놓고 돌잡이를 해요.

| 되 | 뇌 | 다 | | 되 | 뇌 | 이 | 다 | |

'되뇌다'는 같은 말을 되풀이하여 말하는 것으로
'되뇌어 / 되뇌니 / 되뇌었다'로 씁니다.
'되뇌이다'로 자주 쓰는데 이는 잘못된 표현이에요.

 올해 계획을 매일 **되뇌며** 실천하고 있어요.

 '나는 할 수 있다.'라고 계속 **되뇌다** 보니 자신감이 생겼다.

| 두 | 루 | 마 | 리 | | 두 | 루 | 말 | 이 | |

'두루마리'는 길게 둘둘 만 물건을 두루 일컫는 말이에요.
둘둘 만 대상이 분명할 때는 '말이'를 붙여서
'계란말이', '김말이'처럼 씁니다.

> 화장실에 **두루마리** 화장지가 없어요.
> **두루마리** 편지에 내 마음을 적어 전했어요.

뒤에서 일을 보살펴서 도와주는 일을 '뒤치다꺼리'라고 해요.
남의 자잘한 일을 보살펴서 도와주는 것을
'치다꺼리'라고 하는데, 이 말에 '뒤'가 붙은 거예요.

비슷한 표현

'뒷바라지'도 뒤에서 보살피며 도와주는 일을 뜻해요.

> 동생들 **뒤치다꺼리**에 하루가 금세 가 버렸어요.
> 누나는 강아지 **뒤치다꺼리**로 온종일 바빠요.

| 등 | 곳 | 길 | | 등 | 교 | 길 | |

'등굣길'은 학교로 가는 길을 뜻하며,
'등교'와 '길'이 합쳐진 말이에요.
하교하는 길도 '하굣길'로 적어야 해요.

비슷한 표현

사이시옷이 들어가는 낱말은 '나뭇잎', '아랫니' 등이 있어요.

 등굣길에 우산도 없이 소나기를 만났어요.
 하굣길에 친구들과 도서관에 갔어요.

| 떡 | 볶 | 이 | |  | |

'떡볶이'는 떡에 여러 가지 채소와 양념을 넣어 볶은
음식이에요. [떡뽀끼]라고 읽으며, '떡뽁기', '떡복기'로
쓰지 않도록 주의하세요.

 하굣길에 친구들과 **떡볶이**를 사 먹었어요.
 떡볶이는 맵지만 맛있는 간식이에요.

| 떨 | 어 | 트 | 리 | 다 | ⭕ |

| 떨 | 어 | 뜨 | 리 | 다 | ⭕ |

'떨어트리다'와 '떨어뜨리다'는 같은 뜻을 가지고 있으며 둘 다 맞는 표현이에요. 위에 있던 것을 아래로 내려가게 한다, 뒤에 처지게 하거나 남게 한다는 뜻이 있어요.

비슷한 표현

'-트리다'와 '-뜨리다'는 복수표준어이므로,
'터트리다'와 '터뜨리다', '빠트리다'와 '빠뜨리다' 모두 표준어예요.

시끄러운 음악은 집중력을 **떨어트려** 공부에 방해가 돼.
그는 날아가는 새를 **떨어뜨릴** 정도로 활 솜씨가 좋았다.

| 떼 | 쓰 | 다 | ⭕ | 때 | 쓰 | 다 | ❌ |

고집을 부리거나 억지로 요구하는 것은 '때'가 아닌 '떼'가 맞아요. '떼쓰다 / 떼를 부리다'로 씁니다.

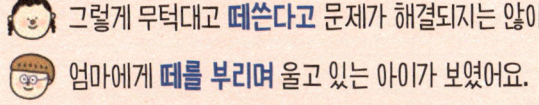

그렇게 무턱대고 **떼쓴다고** 문제가 해결되지는 않아.
엄마에게 **떼를 부리며** 울고 있는 아이가 보였어요.

띄어쓰기 ⭕ 띠어쓰기 ❌

글을 쓸 때, 각 낱말을 띄어 쓰는 것을 '띄어쓰기'라고 해요.
'띠어쓰기'로 잘못 쓰지 않도록 주의하세요.

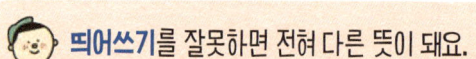
띄어쓰기를 잘못하면 전혀 다른 뜻이 돼요.

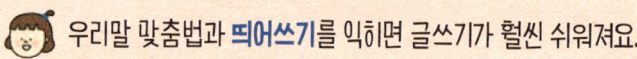
우리말 맞춤법과 **띄어쓰기**를 익히면 글쓰기가 훨씬 쉬워져요.

띄엄띄엄 ⭕ 띠엄띠엄 ❌

'띄엄띄엄'은 붙어 있거나 가까이 있지 않고 조금 떨어져 있는 모양을 뜻하는 말이에요. [띠엄띠엄]으로 발음하는데, 소리 나는 대로 쓰지 않도록 주의하세요.

할아버지, 꽃이 **띄엄띄엄** 심어져 있어요.

마치 내 머리처럼 **띄엄띄엄**하구나!

마라 ⭕ 말아라 ⭕

흔히 '-하지 마라', '-하지 말아라'로 쓰며
둘 다 맞는 표현이에요. 기본형인 '말다'는
어떤 일이나 행동을 하지 않거나 그만둔다는 뜻으로
여기에 명령형 표현인 '-아라'가 합해진 거예요.

비슷한 표현
'마요 / 말아요'가 맞고, '마라요'는 틀린 표현이에요.

> 큰 소리로 떠들지 **마라**.
> 쓰레기를 아무 데나 버리지 **말아라**.

마음껏 ⭕ 마음것 ❌

'마음껏'은 '마음에 흡족하도록'이라는 뜻이에요.
준말로 '맘껏'이라고 써요.
'껏'은 '그것이 닿는 데까지'의 뜻을 더하는 말이에요.

> 오늘은 **마음껏** 먹고 싶은 만큼 먹어야지.
> 시험이 끝나면 **마음껏** 게임을 할 거야.

막아 막어

앞의 모음이 'ㅏ'나 'ㅗ'로 끝나면 '-아'를 쓰고,
그 외의 모음일 때는 '-어'를 씁니다.
따라서 '막다 / 막아', '잡다 / 잡아'가 맞습니다.

주의

'막어', '잡어'로 쓰지 않도록 주의하세요.

- 방파제는 높은 파도를 **막아** 줘요.
- 나를 잡을 테면 **잡아** 봐!

만날 맨날

'만날 / 맨날'은 매일같이 계속한다는 뜻이에요.
과거에는 '만날'만 표준어로 인정했으나,
실제 사람들이 많이 사용하는 '맨날'도 표준어가 되었습니다.

- 다음 주가 시험인데 **만날** 놀기만 해요.
- 엄마는 **맨날** 같은 이야기만 하신다.

| 먹 | 거 | 리 | | 먹 | 을 | 거 | 리 | |

'-거리'는 내용이 될 만한 재료를 말해요.
사람이 살아가기 위해 먹는 온갖 것을 뜻하는
'먹거리', '먹을거리' 모두 표준어예요.

비슷한 표현

'-거리'가 붙는 낱말로, '이야깃거리', '읽을거리', '볼거리',
'국거리', '반찬거리' 등이 있어요.

 우리 마을의 대표 **먹거리**를 찾아보자!
 시장에는 온갖 **먹을거리**가 가득해요.

| 먼 | 지 | 떨 | 이 | | 먼 | 지 | 털 | 이 | |

먼지를 떠는 기구를 '먼지떨이'라고 해요.
'떨다'는 달려 있거나 붙어 있는 것을 쳐서 떼어 낸다는 뜻으로
먼지나 재처럼 작은 것을 '떨어낸다'고 표현해요.

 먼지떨이로 내 방 구석구석을 청소했어요.
 미세먼지가 많은 날은 현관 밖에서 **먼지떨이**로 외투를 털어요.

| 멋 | 쩍 | 다 | | 머 | 쩍 | 다 | |

어색하고 쑥스럽다는 뜻으로 '멋쩍다'가 맞는 표현이에요.
'멋쩍어 / 멋쩍으니'로 쓰여요.

주의
'멋적다', '머쩍다'로 쓰지 않도록 주의하세요.

 새로 온 전학생이 인사를 건네며 **멋쩍은** 미소를 지었다.
 멋쩍은 표정으로 악수를 청했어요.

| 메 | 밀 | 국 | 수 | | 모 | 밀 | 국 | 수 | |

'메밀'은 곡식의 하나이며, 가루로 만들어 묵이나 국수, 냉면을 해 먹어요. '메밀국수'는 메밀가루로 만든 국수를 뜻하며, '모밀국수'로 잘못 쓰는 경우가 많아요.

비슷한 표현
메밀가루로 만들면 '메밀국수' 또는 '막국수'라고 해요.
밀가루로 만들면 '밀면'이에요.

 오늘 점심은 열무김치에 **메밀국수**예요.
 더운 날에는 시원한 **메밀국수**가 맛있어요.

| 며 | 칠 | | 몇 | | 일 | ❌ |

'며칠'은 그달의 몇째 되는 날을 뜻하며,
'몇 일'이라는 말은 쓰지 않아요.
'며칠 동안 / 며칠 밤 / 며칠째' 등으로 써요.

 오늘이 몇 월 **며칠**이지?
 친구는 아파서 **며칠**째 학교에 나오지 못했다.

| 모 | 자 | 라 | 다 | | 모 | 자 | 르 | 다 | |

양이나 지능 등이 기준에 미치지 못할 때
'모자라다'라고 표현해요.
'모자라 / 모자라니'로 씁니다.

주의
'모자르다 / 모자르니'는 잘못된 표현이에요.

 내 피아노 실력은 다른 참가자들보다 한참 **모자랐다**.
 모두 나누어 먹기에는 초콜릿이 많이 **모자라겠는걸**!

'몰아붙이다'는 한쪽 방향으로 몰려가게 하는 것을 뜻해요.
'몰아붙여 / 몰아붙이니'로 써요.

비슷한 표현

한쪽으로 세게 미는 것도 '밀어붙이다', 날카로운 말투로
상대를 공격하는 것도 '쏘아붙이다'가 맞는 표현이에요.

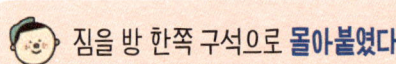
짐을 방 한쪽 구석으로 **몰아붙였다.**

그렇게 계속 **몰아붙이면** 말을 할 수가 없잖아!

'무난하다'는 별로 어려움이 없거나, 이렇다 할 단점이나
흠잡을 만한 것이 없을 때 쓰는 말이에요.

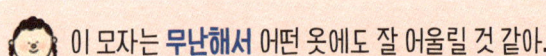
이 모자는 **무난해서** 어떤 옷에도 잘 어울릴 것 같아.

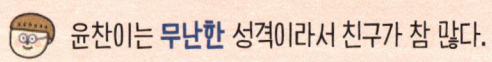
윤찬이는 **무난한** 성격이라서 친구가 참 많다.

무르팍 무릎팍

예전에 '무릎팍 도사'라는 텔레비전 프로그램 제목이 있었지만, 무릎을 속되게 이르는 말로는 '무르팍'이 표준어입니다.

 무르팍 위에 손을 포개어 가만히 올려놓았어요.
 그는 **무르팍**을 탁 치며 맞장구를 쳤어요.

무릅쓰다 무릎쓰다

'무릅쓰다'는 힘들고 어려운 일을 참고 견딘다는 뜻이에요. '어려움을 무릅쓰고', '위험을 무릅쓰고' 등으로 표현해요.

🔶 주의

'무릎쓰다'로 잘못 쓰는 경우가 많은데, '무릎'은 신체의 한 부위를 뜻해요.

문 외 한 무 뇌 한

어떤 일에 전문적인 지식이 없는 사람을 가리켜 '문외한'이라고 말해요. [무뇌한]으로 발음하며 소리 나는 대로 쓰지 않도록 주의하세요.

 축구에 **문외한**인 나에게 매일 축구를 가르쳐 주셨다.
 저는 이 일에 **문외한**이라 도움을 청해도 될까요?

뭉 게 구 름 뭉 개 구 름

'뭉게구름'은 뭉게뭉게 피어올라 윤곽이 확실하게 나타나는 구름으로, 밑은 평평하고 꼭대기는 솜을 쌓아 놓은 듯한 모양이에요.

> **비슷한 표현**

'뭉게뭉게'는 연기나 구름이 크게 둥근 모양을 이루면서 잇따라 나오는 모양을 말해요.

 솜뭉치 같은 **뭉게구름**은 주로 여름철에 볼 수 있어요.
 굴뚝에서 연기가 **뭉게뭉게** 솟아올라요.

뭐라고 ⭕   머라고 ⭕

'뭐라고'와 입말투로 쓰는 '머라고'는 둘 다 맞는 표현이에요.
'머'는 '뭐'를 구어적으로 이르는 말로,
'머 하고 있어?', '머 좀 먹어.' 등으로 쓸 수 있어요.

주의

'머라고?'는 맞지만, '머라구?'는 틀린 표현이에요.

> 선생님께서 **뭐라고** 말씀하셨는지 잊어버렸어.
> 편지에 **머라고** 써 있는 거야?

미끄러지다 ⭕
미끌어지다 ❌

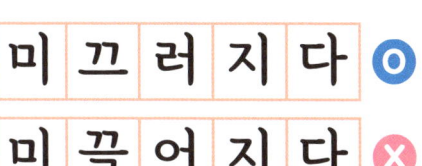

미끄러운 곳에서 한쪽으로 밀려나거나 넘어지는 것을
'미끄러지다'라고 해요. '미끌미끌'이라는 표현 때문에
헷갈리기 쉬우니 주의하세요.

> 스케이트를 타며 빙판을 **미끄러지는** 모습이 아름다워요.
> 등교하다가 빗길에 **미끄러져** 넘어졌어요.

'바라요'는 희망과 기대함을 뜻하는 말이에요.
흔히 '바래요'로 쓰기 쉬운데 이는 틀린 표현이에요.
'-하길 바라요', '-하길 바라'로 써야 해요.

> 선생님, 주말 잘 보내길 **바라요**.
> 난 네가 정말 행복하길 **바라**.

'바람'은 어떤 일이 이루어지기를 기다리는
간절한 마음이에요.
'바람 / 바라다 / 바라'로 쓰입니다.

비슷한 표현

자라다는 뜻의 '자람'도 '자램'으로 쓰지 않고
'자람 / 자라다 / 자라'로 적어야 해요.

> 내 **바람**은 아이폰을 사는 거야.
> 우리의 **바람**이 모두 이루어졌으면 좋겠어.

| 발 | 자 | 국 | ⭕ | 발 | 자 | 욱 | ❌ |

'발자국'은 발로 밟은 자리에 남은 모양을 뜻하며,
'몇 발자국', '한 발자국'처럼 발을 떼어 놓아
걸음을 세는 단위로도 쓰여요.
'발자욱', '발짜국'은 모두 틀린 표현이에요.

 눈 내린 마당에 내 **발자국**을 남겼어요.
 힘이 없어서 한 **발자국**도 걸을 수가 없어.

| 방 | 귀 | ⭕ | 방 | 구 | ❌ |

'방구'는 사투리이며, '방귀'가 표준어예요.
'방귀를 뀌다'라고 써야 해요.

비슷한 표현
'방귀 대장', '콧방귀'가 맞는 표현이에요.

 방귀 뀐 놈이 성을 낸다더니!
 어디선가 **방귀** 냄새가 났다.

범칙금 벌칙금

교통 법규를 어긴 사람에게 내게 하는 벌금을
'범칙금'이라고 해요. 흔히 '벌칙금'이라고
잘못 쓰기 쉬우니 주의하세요.

> 학교 앞 교통 법규 위반은 **범칙금**이 두 배라고 해요.
> **범칙금**을 제때 납부하지 않으면 연체료를 물어요.

벗다 벚다

'벗다'는 사람이 자기 몸 또는 몸의 일부에
착용한 물건을 몸에서 떼어 낸다는 뜻이며,
배낭이나 가방을 내려놓는다는 뜻도 있어요.

주의
옷은 '벗다'이고, 꽃은 '벚꽃'으로 외워 두세요.

> 치마를 **벗고** 바지로 갈아입었어요.
> 배낭과 신발을 **벗고** 안으로 들어갔어요.

봄에 벚나무에서 피우는 꽃은 '벚꽃'이 맞습니다.
'벗꽃'으로 잘못 쓰기 쉬워요.

베개는 잠을 자거나 누울 때 머리를 괴는 물건이에요.
'벼개'는 오래전에 썼던 옛말로,
지금은 '베개'가 표준어입니다.

> 내 **베개**에는 예쁜 꽃무늬가 있어요.
> 엄마의 무릎을 **베개** 삼아 잠이 들었다.

| 베 | 끼 | 다 | | 배 | 끼 | 다 |

'베끼다'는 글이나 그림 등을 원본 그대로
옮겨 쓰거나 그리는 것을 말해요.
'숙제를 베끼다', '그림을 베끼다'로 표현해요.

 내가 좋아하는 만화 주인공을 **베껴** 그렸어.

 숙제를 못 해서 친구 노트를 그대로 **베껴서** 냈어.

| 베 | 짱 | 이 | | 배 | 짱 | 이 |

여칫과의 곤충으로 울음소리가 베 짜는 소리와 비슷해서
'베짱이'예요. '배짱'이라는 낱말 때문에
잘못 쓰는 경우가 많아요.

비슷한 표현

'배짱'은 굽히지 않는 성품이나 태도를 말하며,
'배짱 있다', '배짱이 두둑하다' 등으로 쓰여요.

 베짱이처럼 온종일 게으름을 피웠다.

 어디선가 **베짱이** 우는 소리가 들렸어요.

벼 르 다 별 르 다

'벼르다'는 어떤 일을 이루기 위해 마음속으로 준비를
단단히 하고 기회를 엿보는 것을 말해요.
'벼르다 / 별러 / 벼르니'로 쓰여요.

 그동안 **벼르고 별러** 최신 스마트폰을 샀어요.
 하율이는 이 일을 꼭 해내겠다고 **벼르고** 있다.

별 의 별 벼 라 별

'별의별'은 '보통과 다른 갖가지의'라는 뜻으로
'별의별 생각을 하다', '별의별 고생을 하다' 등으로 표현해요.
'별라별', '별에별'로 쓰지 않도록 주의하세요.

비슷한 표현

같은 뜻을 가진 낱말로 '별별'이 있어요.
'별별 음식', '별별 소리' 등으로 씁니다.

 세상에는 **별의별** 사람이 다 있다.
 시험에 합격하기 위해 **별의별** 노력을 다 했다.

본 떠 본 따

'본떠'는 기본형이 '본뜨다'예요. 이미 있는 대상을
본으로 삼아 그대로 따라 만든다는 뜻이에요.
'본떠 / 본뜨니'로 쓰여요.
'본따', '본따다'는 틀린 말이에요.

 오리의 물갈퀴를 **본떠** 오리발을 만들었대요.
 연꽃 모양을 **본떠** 만든 장식물이 정말 아름다워요.

봉 숭 아 봉 선 화

꽃잎을 찧어 손톱에 꽃물을 들이는 꽃을 '봉숭아'
혹은 '봉선화'라고도 하지요.
'봉숭화'는 전라도 사투리로 표준어가 아니에요.

 소녀의 손톱에는 **봉숭아** 물이 곱게 들어 있어요.
 마을 입구에는 **봉선화** 꽃밭이 넓게 펼쳐져 있다.

'봬요'는 웃어른에게 나를 보인다는 뜻의 '뵈다'에서 온 것이에요. '봬요'는 '뵈어요'가 줄어서 된 말이에요. '뵈다 / 뵈어 / 봬 / 뵈니'로 쓰여요.

> **비슷한 표현**
> '이래 봬도'가 맞고, '이래 뵈도'는 틀린 표현이에요.

 오늘 두 시에 약속 장소에서 **봬요**.
 그럼 내일 **뵐게요**.

'서둘러서 아주 급하게'라는 뜻으로 '부리나케'가 맞아요. 원래 '불이 나게'였던 것이 변해서 소리 나는 대로 '부리나케'가 표준어가 되었습니다.

 발걸음 소리를 들은 토끼는 **부리나케** 숲속으로 도망쳤어요.
 창민이는 아빠를 **부리나케** 쫓아갔다.

머리카락이나 털 등이 몹시 어지럽게 일어나거나
흐트러져 있는 모양을 말할 때는 '부스스하다'가 맞습니다.

'부엌'은 일정한 시설을 갖추어 놓고 음식을 만들고
설거지를 하는 등 식사에 관련된 일을 하는 곳을 말하며,
'주방'이라고도 해요.

> 엄마는 **부엌**에서 저녁 식사 준비를 하고 계세요.
> **부엌**에서 맛있는 냄새가 솔솔 났다.

부패 부폐

'부패'는 정치, 사상, 의식 등이 잘못된 길로 빠진다는 뜻이에요. 또 음식이 상했을 때도 쓰는 말이에요. '부정부패', '정치 부패', '음식물 부패'로 표현해요.

비슷한 표현

발음 때문에 헷갈릴 수 있는 '뷔페'는
여러 음식을 차려 놓고 직접 가져다 먹는 식당을 말해요.

 부패한 공무원을 찾아내 처벌했다.
 여름철에는 음식이 쉽게 **부패**해서 식중독을 많이 일으켜요.

분란 불란

어수선하고 소란스러움을 일컫는 말은 '분란'이에요.
흔히 '분란을 일으키다'라고 표현해요. [불란]으로 발음하며, 소리 나는 대로 표기하지 않도록 주의하세요.

 선생님은 **분란**을 일으킨 학생에게 크게 화를 내셨다.
 마을 사람들끼리 **분란**이 생겼어요.

| 비 | 계 | | 비 | 개 | |

'비계'는 돼지의 가죽 안쪽에 두껍게 붙은
허연색 기름 조각이에요.
[비계]나 [비게]로 발음할 수 있으며,
쓸 때는 '비계'로 써야 해요.

 김치찌개에 들어가는 돼지고기는 **비계**가 맛있어요.
 돼지고기 수육에 **비계**가 두꺼워서 느끼해.

| 비 | 눗 | 방 | 울 | | 비 | 누 | 방 | 울 | |

동글동글하게 방울이 진 비누 거품은 '비눗방울'이에요.
'비눗방울'은 하나의 낱말로 사전에 등재되어 있어서
붙여 써야 해요.

비슷한 표현
'비누 거품'은 하나의 낱말이 아니라서 이처럼 띄어 써요.

 공원에서 **비눗방울**을 불어 날리며 놀았어요.
 비눗방울을 이용한 마술쇼를 봤어요.

비 로 소 비 로 서

'비로소'는 어느 한 시점을 기준으로 일이 이루어지거나 변화하기 시작함을 나타내는 말이에요.
'비로서'로 잘못 쓰는 경우가 많으니 주의하세요.

> 현지는 **비로소** 내 마음을 알아주기 시작했어.
> 천천히 걸으니 **비로소** 길가의 예쁜 꽃들이 눈에 들어왔다.

빨 간 색 빨 강 색

'빨간색'은 피나 익은 고추와 같이 밝고 짙은 붉은색을 말해요. '빨강'은 빨간 빛깔이나 물감을 뜻하며, 낱말 뜻 안에 이미 '색'이라는 의미가 들어 있기 때문에 '색'을 붙이지 않아요.

비슷한 표현

'흰색, 노란색, 파란색', '하양, 노랑, 파랑'이 맞는 표현이에요.

> 동네에 들어서니 **빨간색** 지붕이 눈에 띄었어요.
> **빨간색**에 흰색을 섞으면 분홍색이 돼요.

빼앗다 ⭕ 빼았다 ❌

'빼앗다'는 남의 것을 억지로 제 것으로 만든다는 뜻이에요.
'빼앗아 / 빼앗으니 / 빼앗는'으로 쓰이며,
줄여서 '뺏다'라고 쓰기도 해요.

주의
'빼앗다'의 준말인 '뺏다'를 '뺐다'로 잘못 쓰지 않도록 주의하세요.

 동생이 내 과자를 다 **빼앗아** 먹었어요.
 내가 아끼는 것을 **뺏어** 갔어요.

사귀다 ⭕ 사기다 ❌

'사귀다'는 서로 얼굴을 익히고 친하게 지낸다는 뜻으로
'사귀어 / 사귀니 / 사귀었다'로 쓰여요.
'사겨 / 사기니 / 사겼다' 등으로 잘못 쓰는 경우가 많아요.

 학교에서 좋은 친구를 많이 **사귀었어요**.
 새로 **사귄** 친구에게 예쁜 인형을 선물했어요.

| 살 | 코 | 기 | | 살 | 고 | 기 | |

'살코기'는 기름기나 뼈를 발라낸 순살로만 된 고기를 말해요. '살'과 '고기'가 합쳐져 만들어진 합성어로 '살코기'로 적습니다.

 돼지고기의 연한 **살코기**로 만든 요리예요.

 나는 **살코기**로 만든 닭튀김을 좋아해요.

| 새 | 침 | 데 | 기 | | 새 | 침 | 떼 | 기 | |

새침한 성격을 지닌 사람을 일컫는 말로 '새침데기'가 맞는 표현이에요. '새침'에 '-데기'가 더해진 말로, '-데기'는 그와 관련된 일을 하거나 그런 성질을 가진 사람을 뜻해요.

주의

흔히 '새침떼기', '새침때기'로 잘못 쓰기 쉬우니 주의하세요.

 새침데기처럼 아무 말도 안 하고 있구나!

 내 동생은 **새침데기**예요.

| 생 | 각 | 건 | 대 | | 생 | 각 | 컨 | 대 | |

'생각건대'는 '생각하건대'가 줄어든 말이에요.
'하' 앞에 'ㄱ, ㅂ, ㅅ' 등의 받침이 있으면
'하'를 생략할 수 있어요.

> **비슷한 표현**
> '깨끗하지 않다'도 '깨끗지 않다'로 줄일 수 있어요.

 생각건대 인생이란 꿈과 같은 것이다.
 다락에서 꺼낸 낡은 인형은 **깨끗지 않아** 보였다.

| 생 | 쥐 | | 새 | 앙 | 쥐 | |

원래 '새앙쥐'가 본말이고 이를 줄여서 '생쥐'라고 했어요.
그런데 사람들이 '생쥐'를 더 자주 쓰면서 '새앙쥐'를 버리고,
준말인 '생쥐'가 표준어가 되었습니다.

 생쥐가 창고로 쪼르르 들어갔어요.
 갑자기 비가 내려 물에 빠진 **생쥐** 꼴이 됐다.

설거지 설겆이

먹고 난 뒤의 그릇을 씻어 정리하는 일을 '설거지'라고 해요.
예전에는 '설겆이'가 표준어였지만, 지금은 '설거지'만
표준어로 인정합니다.

> 엄마를 도와 **설거지**를 했어요.
> **설거지**를 할 때는 앞치마를 입어요.

설레다 설레이다

'설레다'는 마음이 가라앉지 않고 들떠서 두근거린다는 뜻으로
'설레 / 설레어 / 설레(어)서 / 설레니'로 쓰여요.
'설레임'도 틀린 표현으로 '설렘'으로 써야 해요.

성대모사 성대묘사

'성대모사'는 다른 사람의 목소리나 새, 짐승 등의 소리를 흉내 내는 것을 말해요. '묘사'라는 낱말 때문에 '성대묘사'로 쓰는 경우가 많으니 주의하세요.

주의

'모사'는 흉내 내는 것이고, '묘사'는 글이나 그림으로 표현하는 거예요.

 그는 유명 연예인의 **성대모사**를 잘해요.
 동물 **성대모사**를 했더니 아이들이 박장대소했어요.

소꿉놀이 소꼽놀이

소꿉놀이의 '소꿉'은 아이들이 살림살이하는 것을 흉내 내며 놀 때 쓰는 장난감을 말해요. '소꼽놀이'는 잘못된 표현이에요.

비슷한 표현

어릴 때 소꿉놀이를 하며 같이 놀던 친구를 '소꿉친구'라고 해요.

 친구와 함께 재미있게 **소꿉놀이**를 했어요.
 두 사람은 같은 동네에서 자란 **소꿉친구**예요.

| 쇠 | 고 | 기 | 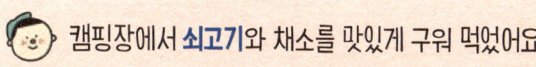 | 소 | 고 | 기 |

'쇠'는 '소의'를 줄인 말로, 소의 고기, 소가 가지고 있는 것을 뜻해요. 처음에는 '쇠고기', '쇠뿔', '쇠머리' 등으로 쓰다가 사람들이 '소고기', '소뿔', '소머리' 등으로 자주 써서 두 가지 모두 표준어가 되었어요.

- 캠핑장에서 **쇠고기**와 채소를 맛있게 구워 먹었어요.
- 간장에 **소고기**를 넣고 조리면 장조림이 돼요.

| 수 | 수 | 께 | 끼 | | 수 | 수 | 깨 | 끼 | |

'수수께끼'는 어떤 사물에 대하여 바로 말하지 않고 알 듯 모를 듯 말하며 알아맞히는 놀이예요.

비슷한 표현

'수수께끼 같은 일', '수수께끼의 인물'처럼 어떤 현상이 복잡하게 얽혀 쉽게 알 수 없는 것을 말할 때도 쓰여요.

- 선생님과 수업 시간에 **수수께끼** 놀이를 했어요.
- 이 문제는 아직도 **수수께끼**로 남아 있다.

| 숙 | 맥 | | 쑥 | 맥 | |

사리 분별을 못하고 세상 물정을 잘 모르는 사람을 가리켜
'숙맥'이라고 해요. 콩과 보리도 구별하지 못한다는
사자성어 '숙맥불변'에서 유래된 말이에요.
흔히 쓰는 '쑥맥'은 틀린 말이에요.

| 숟 | 가 | 락 | | 숫 | 가 | 락 | |

'밥 한 술'의 '술'과 '가락'이 합해져
'술가락'이 되었고, '숟가락'으로 변한 거예요.

 숟가락과 젓가락을 식탁에 놓아 주세요.
 흰 쌀밥을 **숟가락** 가득 떠서 입에 넣었다.

| 숨 | 바 | 꼭 | 질 | | 숨 | 박 | 꼭 | 질 | |

'숨바꼭질'은 여럿 가운데서 한 아이가 술래가 되어
숨은 사람을 찾아내는 놀이예요. 무엇이 숨었다 보였다
하는 일도 '숨바꼭질'이라고 해요.

 방과 후에 친구들과 **숨바꼭질**을 하며 놀았어요.
 별들이 **숨바꼭질**하며 나타났다가 사라졌다가 해요.

| 승 | 낙 | | 승 | 락 | |

청하는 바를 들어주는 것을 '승낙'이라고 해요.
'허락'이라는 낱말 때문에
'승락'으로 잘못 쓰는 경우가 많으니 주의하세요.

비슷한 표현

남의 부탁을 기꺼이 들어준다는 뜻으로
'허락', '수락'이 있으며 이때는 '락'으로 표기해요.

 부모님이 **승낙**해야 외출할 수 있어.
 동물원에 같이 가자는 말에 흔쾌히 **승낙**했어요.

시든 ⭕ 시들은 ❌

'시든'의 기본형은 '시들다'예요.
꽃이나 풀 등이 말라 생기가 없어지는 것을 뜻해요.
'시들어 / 시든 / 시드니'로 표현합니다.

비슷한 표현
'거칠은', '녹슬은'도 틀린 표현이며, '거친', '녹슨'으로 써야 해요.

> 시든 꽃에 서둘러 물을 주었어요.
> 수박은 꼭지가 시든 걸 사면 맛이 없어요.

싫증 ⭕ 실증 ❌

싫은 생각이나 느낌을 말할 때는 '싫증'이 맞는 표현이에요.
발음이 비슷해서 혼동될 때는 '싫다'라는 낱말을
떠올리면 쉽게 구별할 수 있어요.

> 동생은 잘 가지고 놀던 장난감에 싫증을 냈다.
> 나는 매일 하던 일에 싫증이 났다.

'심혈'은 마음과 힘을 아울러 이르는 말로,
'심혈을 기울이다'는 온 마음과 힘을 기울여
노력했다는 뜻이에요.

 이건 제가 **심혈**을 기울여 만든 작품이에요.

 심혈을 기울여 준비한 일이 그만 잘못되고 말았어.

'십상'은 열에 여덟이나 아홉 정도로 거의 예외가 없다는
뜻의 '십상팔구'에서 비롯된 말이에요.
보통 '-하기 십상이다'라고 표현해요.

주의

'쉽다'라는 말 때문에 '쉽상'으로 쓰기 쉬우니 주의하세요.

 말을 함부로 하면 오해받기 **십상**이다.

 평소에 공부하지 않으면 시험을 망치기 **십상**이야.

| 쌉 | 쌀 | 하 | 다 | | 쌉 | 살 | 하 | 다 | |

조금 쓴 맛이 있을 때 '쌉쌀하다'라고 표현해요. '쌉쌀하다'의 'ㅆ'과 'ㅏ'처럼 두 개의 소리가 겹쳐 나거나 '딱딱하다'의 '딱'처럼 같은 음절이 겹쳐 날 때는 첫소리를 같은 글자로 적어요.

비슷한 표현

'짭짤하다', '씁쓸하다', '싹싹하다', '똑똑하다'도 같은 글자로 씁니다.

 쌉쌀하고 향긋한 달래 요리가 식탁에 올랐어요.

 녹차에서는 **쌉쌀한** 맛이 나요.

| 쑥 | 스 | 럽 | 다 | | 쑥 | 쓰 | 럽 | 다 | |

'쑥스럽다'는 하는 짓이나 모양이 자연스럽지 못하여 우습고 싱거운 데가 있다는 뜻이에요. [쑥쓰럽따]의 발음 때문에 '쑥쓰럽다'로 잘못 쓰기 쉬우니 주의하세요.

비슷한 표현

'안쓰럽다'는 맞고, '안스럽다'는 틀린 표현입니다.

 아무리 **쑥스럽더라도** 할 말은 해야지.

 선생님께 혼이 난 친구를 보니 **안쓰러웠어요.**

| 아 | 기 | | 애 | 기 | |

'아기'는 어린 젖먹이 아이를 뜻하며, '애기'는 틀린 표현이에요.
아기를 부를 때 쓰는 또 다른 말인 '아가',
아이의 준말인 '애'는 표준어이지만,
흔히 쓰는 '우리 애기'는 '우리 아기'로 고쳐 써야 해요.

> **아기**가 아장아장 걸음마를 해요.
> **아기**는 태어난 지 한 달밖에 안 되었어요.

| 아 | 니 | 요 | | 아 | 니 | 오 | |

'아니요'는 윗사람이 묻는 말에 부정하여 대답할 때
쓰는 말이에요. 아랫사람에게는 '응', '아니'로 답하고,
윗사람에게는 '예', '아니요'로 답해야 해요.

비슷한 표현

'아뇨'는 '아니요'의 준말이에요.
대답할 때 쓰는 '예'와 '네'는 둘 다 맞는 표현입니다.

> 네, **아니요**로 대답하세요.
> **아니요**, 제가 그런 게 아니에요.

| 아 | 무 | 튼 | | 아 | 뭏 | 든 | |

'의견이나 일의 성질, 형편, 상태 등이 어떻게 되어 있든'이라는 뜻으로 소리 나는 대로 '아무튼'이라고 적습니다.

비슷한 표현

비슷한 말로 '어쨌든', '여하튼', '하여튼', '어떻든'이 있어요.

 아무튼 내가 싫어하는 말만 골라서 한다니까!

 아무튼 이번 주까지는 숙제를 끝낼 거예요.

| 아 | 지 | 랑 | 이 | | 아 | 지 | 랭 | 이 | |

'아지랑이'는 주로 봄날 햇볕이 강하게 쬘 때 공기가 공중에서 아른아른 움직이는 현상을 말해요. '아지랭이'로 잘못 쓰는 경우가 많아요.

 얼마나 더운지 도로에서 **아지랑이**가 피어올라요.

 그는 일렁이는 **아지랑이** 사이로 성큼 성큼 걸어왔다.

| 악 | 천 | 후 | ⭕ | 악 | 천 | 우 | ❌ |

몹시 나쁜 날씨를 '악천후'라고 해요.
'악천후'의 끝말에 '기후 후(候)' 자를 쓰는 걸
기억하면 헷갈리지 않아요.

 이번 주 내내 **악천후**가 계속되면서 모든 행사가 취소되었다.
 악천후로 인해 비행기가 결항되었어요.

| 안 | | 돼 | 요 | ⭕ | 안 | | 되 | 요 | ❌ |

'안 돼'는 '안 되어'가 줄어든 말이고,
'안 돼요'는 '안 되어요'의 준말이에요.
'안 돼 / 안 돼요'가 맞고,
'안 되 / 안 되요'는 틀린 표현이에요.

> **비슷한 표현**
>
> '얼굴이 안됐어', '안색이 안돼 보여'처럼 쓰이는 '안되다'는
> 걱정이나 병으로 얼굴이 상해 보인다는 뜻으로, 꼭 붙여 써야 해요.

 친구의 말을 무시하면 **안 돼요**.
 전학을 온 지 며칠밖에 **안 돼** 학교가 익숙하지 않아요.

안성맞춤 안성마춤

'안성맞춤'은 요구하거나 생각한 대로 잘된 물건을 비유적으로
이를 때 쓰는 말이에요. '안성'은 경기도의 한 지역이에요.
이곳에서 만든 그릇을 사람들이 좋아해서 안성에서
맞춘 것처럼 잘 들어맞는다는 데서 유래했어요.

 누룽지는 가벼운 아침식사로 **안성맞춤**이에요.
 그 옷은 너한테 **안성맞춤**이야.

안쓰럽다 안스럽다

손아랫사람이나 약자의 딱한 형편이 마음이 아프고
가여울 때 '안쓰럽다'는 표현을 써요.
손윗사람에게는 '안타깝다'라고 표현하면 돼요.

| 안 | 절 | 부 | 절 | 못 | 하 | 다 |

| 안 | 절 | 부 | 절 | 하 | 다 |

'안절부절못하다'는 마음이 초조하고 불안하여
어찌할 바를 모른다는 뜻으로
'안절부절하다'는 틀린 표현이에요.

> 엄마 눈치만 살피며 **안절부절못했다**.
> 어찌나 **안절부절못하는지** 보는 사람이 다 떨릴 정도였어요.

| 안 | 팎 |

'안팎'은 사물의 안과 밖, 마음속의 생각과 겉으로 드러나는
행동을 말해요. '안'과 '밖'이 합쳐져 만들어진 합성어로
'안팎'으로 적습니다.

비슷한 표현

'머리카락', '살코기', '수캐' 등도 두 말이 합쳐지면서
덧나는 소리대로 적습니다.

> 성벽의 **안팎**은 모두 벽돌로 쌓아져 있다.
> 행사에 참여한 사람은 불과 열 명 **안팎**이야.

'알아맞히다'는 요구되거나 기대되는 답을 알아서 맞게 한다는 뜻이에요. '알아맞추다'라는 낱말은 없어요.

주의

답을 '알아맞히는' 것이고, 정답지는 '맞춰' 보는 거예요.
'맞추다'는 둘 이상의 대상을 나란히 놓고 비교하며 살피는 것을 뜻해요.

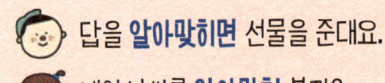

답을 **알아맞히면** 선물을 준대요.
내일 날씨를 **알아맞혀** 볼까?

'애꿎은'은 '애꿎다'가 기본형이며
아무런 잘못 없이 억울하다는 뜻이에요.
'애꿎어 / 애꿎게' 등으로 쓰여요.

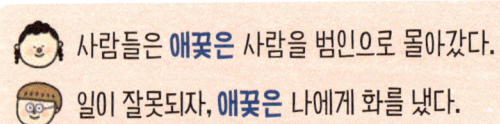

사람들은 **애꿎은** 사람을 범인으로 몰아갔다.
일이 잘못되자, **애꿎은** 나에게 화를 냈다.

얼굴이 어려 보일 때 '애띤 얼굴'이라고 말하는데,
틀린 표현이에요. '앳된 얼굴'이라고 말해야 해요.
'앳된'의 기본형은 '앳되다'이며,
애티가 있어 어려 보인다는 뜻이에요.
'앳돼 / 앳되어 / 앳되니'로 쓰여요.

주의

'애띤 얼굴', '애띤 모습'은 틀린 표현이고,
'앳된 얼굴', '앳된 모습'으로 써야 해요.

 넌 나이에 비해 얼굴이 **앳돼** 보여.

 중학생이 된 오빠는 **앳된** 목소리가 굵게 변했어요.

'얘기'는 '이야기'의 준말이에요.
'예기', '애기'는 틀린 말이니 주의하세요.

 선생님, 재미있는 **얘기** 좀 해 주세요!

 친구와 **얘기**하느라 밤새 한잠도 못 잤다.

어이없다 어의없다

'어이없다'는 일이 너무 뜻밖이어서 기가 막히는 듯하다는 뜻이에요. '어의없다'로 잘못 쓰는 경우가 많아요.

비슷한 표현

비슷한 말로 '어처구니없다'가 있어요.

- 떠도는 소문이 황당해서 **어이없었다.**
- 동생은 오빠의 **어이없는** 말에 화를 냈어요.

어제 어저께

오늘의 바로 하루 전날을 뜻하는 '어제'와 '어저께'는 둘 다 맞는 표현이에요.

비슷한 표현

어제의 전날인 '그제'와 '그저께'도 둘 다 표준어입니다.

- **어제** 너무 힘들게 운동을 했더니 오늘 아침에 늦잠을 잤다.
- **어저께**부터 날씨가 꽤 추워졌어요.

| 어쭙잖다 | 어줍잖다 |

서투르고 어설퍼 보일 때 '어줍잖다'라고 말하는데
이는 틀린 표현이에요. '어쭙잖다'라고 써야 해요.
'어쭙잖다'는 비웃음을 살 만큼 언행이
분수에 넘치는 데가 있다는 뜻이에요.

> **어쭙잖은** 변명은 하지 마!
>
> **어쭙잖게** 보여 줄 바에 안 하느니만 못하다.

| 얼마큼 | 얼만큼 |

'얼마큼'은 '얼마만큼'이 줄어든 말이에요.
'얼만큼 사랑해?'가 아닌, '얼마큼 사랑해?'가 맞아요.
'얼만큼'으로 잘못 쓰지 않도록 주의하세요.

비슷한 표현

정도를 뜻하는 말로, '이만큼', '그만큼', '저만큼'이 있어요.

> 달걀 프라이에 소금을 **얼마큼** 넣으면 될까?
>
> 올라가 보면 산이 **얼마큼** 높은지 알게 될 거야.

| 엎 | 지 | 르 | 다 | | 업 | 지 | 르 | 다 | |

'엎지르다'는 그릇에 담겨 있는 액체를 뒤집어엎어
쏟아지게 하거나 흔들어 넘쳐 나게 한다는 뜻이에요.
'엎다'에서 온 말로, 의미가 드러나도록 '엎지르다'로 쓰고
[업찌르다]로 발음해요.

주의
발음 때문에 '업지르다', '업찌르다'로 적지 않도록 주의하세요.

 우유를 마시다 옷에 **엎질렀어요**.
 컵에 있는 물을 **엎지르지** 않게 조심해.

| 역 | 할 | | 역 | 활 | |

자기가 마땅히 해야 할 맡은 바 직책이나 임무를
뜻하는 말로 '역할'이 맞는 표현이에요.

 모둠에서 각자의 **역할**을 나누었어요.
 내가 맡은 **역할**을 거뜬히 해냈어.

열심히 ⭕ 열심이 ❌

'열심히'는 '어떤 일에 온 정성을 다하여 골똘하게'라는 뜻으로, [열씸히]로 발음해요.

주의
소리 나는 대로 '열씸히'나 '열심이'로 쓰지 않도록 주의하세요.

> 나율이는 항상 모든 일을 **열심히** 해요.
> 우리 선수들을 **열심히** 응원했어요.

예쁘다 ⭕ 이쁘다 ⭕

예전에는 '예쁘다'만 표준어로 인정하고
입말로 쓰는 '이쁘다'는 잘못된 표현이었는데
같은 뜻으로 널리 쓰이면서 '이쁘다'도 표준어로 인정되었어요.

오 뚝 이 오 뚜 기

'오뚝'은 작은 물건이 높이 솟아 있는 모양이나
갑자기 발딱 일어나는 모양을 나타내요.
장난감도 '오뚝이'가 맞고, '코가 오뚝하다'라고 써야 해요.

 포기하지 말고 **오뚝이**처럼 다시 일어서야 해!
 코는 **오뚝**하고 입은 자그마하니 귀엽다.

오 랜 만 에 오 랫 만 에

'오랜만에'는 '오래간만에'가 줄어든 말로,
어떤 일이 있은 때로부터 긴 시간이 지난 뒤를 뜻해요.
'오랫만', '오랫만에'는 틀리고, '오랜만', '오랜만에'로 써야 해요.

비슷한 표현

'오랫동안'은 '오래'에 '동안'이 더해진 말입니다.
'오랜동안'으로 쓰지 않도록 주의하세요.

 오랜만에 어릴 적 친했던 친구를 만났어.
 친구와 **오랫동안** 이야기를 나누었어요.

| 오 | 므 | 리 | 다 | | 오 | 무 | 리 | 다 | |

'오므리다'는 물건의 가장자리 끝을 한곳으로 모으는 것이에요.
'오무리다'는 틀린 표현입니다.

비슷한 표현
'움츠리다'도 '움추리다'로 잘못 쓰기 쉬우니 주의하세요.

> 심통이 나서 입술을 뾰로통하게 **오므렸어요**.
> 꽃들은 봉오리를 **오므린** 채 봄을 기다리고 있다.

| 오 | 지 | 랖 | ○ | 오 | 지 | 랍 | ✕ |

쓸데없이 지나치게 아무 일에나 참견하는 사람을 비꼬는 말로 '오지랖이 넓다'라고 해요. '오지랖'은 웃옷이나 윗도리에 입는 겉옷의 앞자락을 뜻하는데, 본뜻으로 쓰는 경우는 거의 없어요.

비슷한 표현
'오지라퍼'는 '오지랖'에 사람을 뜻하는 '-er'을 붙여
'오지랖이 넓은 사람'을 가리키는 신조어예요.

> 남의 일에 간섭하기 좋아하는 걸 보니 **오지랖**이 넓구나.
> **오지랖**이 넓으면 친구들이 싫어해.

| 외 | 톨 | 이 | ⭕ | 외 | 토 | 리 | ❌ |

매인 데도 없고 의지할 데도 없는 홀몸을 '외톨이'라고 해요.
'외톨'은 밤송이나 통마늘에 여물어 있는 알이
하나인 경우를 가리키며, 여기에서 '외톨이'가 유래됐어요.

주의

'외톨이'는 [외토리]로 발음해요. 소리 나는 대로 쓰지 않도록 주의하세요.

 외톨이로 지냈던 나에게 좋은 친구가 생겼어요.
 거짓말을 자주 하던 그 아이는 결국 **외톨이**가 되었어요.

| 요 | 새 | ⭕ | 요 | 세 | ❌ |

'요새'는 지금까지의 매우 짧은 동안이라는 뜻으로
'요사이'가 줄어든 말이에요.

비슷한 표현

'금세'는 '금시에'가 줄어든 말입니다.

 요새 부쩍 식욕이 좋아졌어!
 요새 학교에서 선경이를 본 적이 없다.

우레 ⭕ 우뢰 ❌

천둥과 번개를 동반하는 대기 중의 현상을 '우레'라고 해요.
흔히 '우뢰'로 잘못 쓰는 일이 많으니 주의해야 해요.
'우레'는 순우리말로 '울다'의 '울-'에 '-에'가 붙었다가
'우레'로 바뀐 거예요.

 어두운 하늘에 **우레**가 쳤다.
 공연이 끝나자 **우레**와 같은 박수가 울려 퍼졌다.

우리나라 ⭕ 저희 나라 ❌

상대방에게 자신을 낮출 때 '저희'라고 표현해요.
다른 나라 사람에게 '저희 나라'라고 하면
우리나라와 사람을 모두 낮추는 말이 되므로
'우리나라'라고 써야 해요.

 우리나라는 사계절이 뚜렷해요.
독도는 **우리나라** 땅이에요.

머리나 상처가 자꾸 쑤시는 듯이 아파 올 때 '욱신거리다'라고 표현해요. 힘주어 말하는 '욱씬거리다'는 틀린 표현이에요. 쑤시는 듯한 느낌을 말할 때도 '욱신욱신'이 맞아요.

> 몸살감기로 하루 종일 온몸이 **욱신거렸다.**
> 계단에서 넘어지면서 다친 무릎이 **욱신거려.**

 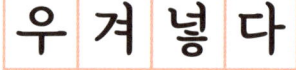

주위에서 중심으로 함부로 밀어 넣는다는 뜻으로 '욱여넣다'가 맞고, '우겨넣다'는 틀린 표현이에요.

주의

'욱여넣다'는 안쪽으로 우그러지게 한다는 뜻의 '욱이다'와 '넣다'가 합쳐진 말로 기억하세요.

> 삶은 계란을 입 안에 **욱여넣은** 뒤 서둘러 따라나섰다.
> 흩어진 짐을 대충 가방에 **욱여넣었다.**

움츠리다 움추리다

'움츠리다'는 몸이나 몸의 일부를 몹시 오그리어
작아지게 하는 것을 뜻해요. 또는 겁을 먹거나
기가 꺾여 풀이 죽었다는 의미도 있어요.

 너무 추워서 주머니에 손을 넣고 몸을 **움츠렸어**.
 엄마의 호통에 깜짝 놀라 **움츠렸다**.

웬일 왠일

'웬일'은 '어찌 된 일'이라는 뜻이에요.
'웬걸', '웬만큼', '웬만하면', '웬 걱정', '웬 날벼락' 등으로
표현해요. '웬일'은 하나의 낱말로 붙여 써야 해요.

주의

'왜인지'의 준말인 '왠지'를 빼고 나머지는 모두
'웬'으로 쓰면 돼요.

 여기까지 날 찾아오다니, **웬일**이야?
 그가 오늘은 **웬일**로 나에게 알은체를 했다.

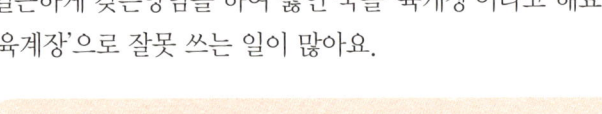

쇠고기를 삶아서 알맞게 뜯어 넣고
얼큰하게 갖은양념을 하여 끓인 국을 '육개장'이라고 해요.
'육계장'으로 잘못 쓰는 일이 많아요.

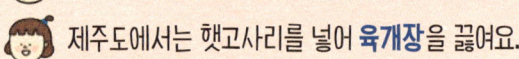

- 아빠는 매콤한 **육개장**을 가장 좋아하세요.
- 제주도에서는 햇고사리를 넣어 **육개장**을 끓여요.

'두말할 것 없이 당연히, 틀림없이 언제나'라는 뜻으로
'으레'라고 써요. 발음이 비슷한 '으례', '의레'는
모두 틀린 말이에요.

| 으 | 스 | 대 | 다 | | 으 | 시 | 대 | 다 | |

'으스대다'는 어울리지 않게 우쭐거리며 뽐낸다는 뜻으로
'으스대어 / 으스대 / 으스대니'로 쓰여요.
'으시대다', '으시댄다'는 틀린 표현입니다.

비슷한 표현

비슷한 말로 '뽐내다', '재다', '뻐기다' 등이 있어요.

 그는 어깨에 힘을 잔뜩 주고 **으스대며** 걸었다.
 벌써부터 홈런왕이 되겠다고 **으스댄다**.

| 의 | 젓 | 하 | 다 | | 으 | 젓 | 하 | 다 | |

'의젓하다'는 말이나 행동이 점잖고
무게가 있다는 뜻이에요. '의젓해 보인다',
'행동이 의젓하지 못하다' 등으로 표현해요.

 동생은 학교에 입학하더니 꽤 **의젓해졌어요**.
 하람이는 맏이라 그런지 **의젓하고** 책임감이 강해요.

－이었다 －이였다

'－이다'의 과거형으로 '－이었다'라고 씁니다.
예를 들어 '학생이었다'는 맞고, '학생이였다'는
틀린 표현이에요. '친구이었다'처럼 앞말에
받침이 없을 때는 '친구였다'로 줄여서 쓸 수 있어요.

 중학생인 줄 알았는데 알고 보니 초등학생**이었다**.
 그루터기 옆에 피어난 것은 작은 민들레**였다**.

이튿날 이튼날

'이튿날'은 어떤 일이 있은 그다음의 날을 뜻해요.
[이튼날]로 발음하는데,
발음 때문에 잘못 쓰는 경우가 있어요.

비슷한 표현

바로 며칠 전을 뜻하는 '엊그제'도
'엇그제'로 잘못 쓰지 않도록 주의하세요.

 졸업한 **이튿날** 바로 여행을 떠났어요.
 밤새 앓았지만 다행히 **이튿날** 학교는 갈 수 있었어요.

| 익 | 숙 | 지 | | 않 | 다 | ⭕ |
| 익 | 숙 | 치 | | 않 | 다 | ❌ |

'익숙지 않다'는 '익숙하지 않다'를 줄여 쓴 말이에요.
그 밖에도 '넉넉지 않다', '깨끗지 않다'로 쓰여요.
'-치'로 쓰는 경우는 '만만치 않다', '간단치 않다',
'흔치 않다' 등이 있어요.

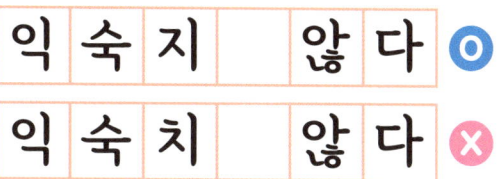

| 일 | 부 | 러 | ⭕ | | 일 | 부 | 로 | ❌ |

'일부러'는 '어떤 목적이나 생각을 가지고,
또는 알면서도 마음을 숨기고'라는 뜻이에요.
'함부로'라는 낱말 때문에 '일부로'로 쓰기 쉬우니 주의하세요.

| 일 | 으 | 키 | 다 | | 이 | 르 | 키 | 다 | |

'일으키다'는 일어나게 하다, 어떤 사태나 일을 벌이거나 터뜨린다는 뜻이 있어요. [이르키다]라고 발음하는데, 발음 대로 표기하지 않도록 주의하세요.

 넘어진 아이를 안아서 **일으켰어요**.
 그는 학교에서 문제를 **일으키는** 학생이다.

| 일 | 찍 | 이 | | 일 | 찌 | 기 | |

'일찍이'는 '일정한 시간보다 이르게'라는 뜻이에요. '일찍'과 비슷한 말로, '일찍'의 의미가 드러나도록 '일찍이'로 적어야 해요.

비슷한 표현
'일찍이 없었던 일이다'처럼 '일찍이'는 '예전에'라는 뜻도 있어요.

 아빠는 아침 **일찍이** 일어나 출근하셨어요.
 이건 **일찍이** 경험해보지 못했던 일이야.

| 자 | 그 | 마 | 치 | | 자 | 그 | 만 | 치 |

'예상보다 훨씬 많이, 또는 적지 않게'라는 뜻으로
'자그마치'라고 써야 해요.
기본형 '자그마하다'에서 비롯된 말이에요.

'자그마하다'도 '자그만하다'로 잘못 쓰지 않도록 주의하세요.

> 👦 **자그마치** 이 만 원이나 손해를 보았다.
> 👧 독감에 걸려 **자그마치** 일주일이나 학교에 결석했어.

| 자 | 장 | 면 | | 짜 | 장 | 면 |

과거에는 '자장면'만 표준어로 인정했으나,
현재는 사람들이 자주 쓰는
'짜장면'도 복수표준어로 인정합니다.

> 👦 점심 때 **자장면**을 시켜서 먹었어요.
> 👨 **짜장면** 한 그릇을 후다닥 먹어 치웠다.

| 자 | 투 | 리 | | 짜 | 투 | 리 | |

'자투리'는 자로 재어 팔거나 재단하다가 남은 천의 조각을
뜻해요. 또 '자투리 시간', '자투리땅'처럼 어떤 기준에
미치지 못할 정도로 작거나 적은 조각을 뜻하기도 해요.

주의

옛날에는 옷감을 팔거나 재단할 때 '자'를 썼기 때문에
'자투리'예요. 헷갈릴 때는 '자'를 기억하세요.

 엄마는 옷을 만들고 남은 **자투리** 천으로 가방을 만들었어요.

 자투리 시간을 활용하면 하루를 알차게 지낼 수 있어요.

| 잘 | 리 | 다 | | 짤 | 리 | 다 | |

'잘리다'는 동강이 나거나 끊어진다는 뜻이에요.
또 직장에서 해고된 것을 속되게 이르는 말이기도 해요.
흔히 센 발음으로 말하다 보면 생기는 실수인데,
'잘리다'는 읽을 때도 [잘리다]로 발음해야 해요.

 태풍에 큰 나무의 가지가 **잘렸어요.**

 개발을 이유로 멀쩡한 가로수가 **잘리고** 뽑혔어요.

여닫는 물건을 열지 못하도록 자물쇠를 채우거나
빗장을 거는 것을 '잠그다'라고 해요.
'잠그다 / 잠가 / 잠그니'로 써요.

'장맛비'는 장마 때에 오는 비를 말하며,
'장마'와 '비'가 합쳐져 만들어진 합성어로
'장맛비'로 적습니다.

 온종일 내리는 **장맛비**로 밖에 나가지 못했어요.
 아빠는 **장맛비**를 대비해 비닐하우스를 손보셨다.

저물녘 ⭕ 저물녁 ❌

날이 저물 무렵을 가리켜 '저물녘'이라고 해요.
'녘'은 '무렵'을 뜻해서, '아침 녘', '동틀 녘', '새벽녘'으로 씁니다. '저물녘'과 '새벽녘'은 하나의 낱말로 사전에 올라 있어서 붙여 써야 해요.

 저물녘이면 집집마다 불이 밝혀져요.
나는 저물녘과 동틀 녘의 하늘빛을 좋아해요.

조그마하다 ⭕
조그만하다 ❌

'조그마하다'는 조금 작거나 적다는 뜻이에요.
'조그마한'의 준말은 '조그만'이에요.
'조그만하다', '조그만한'은 틀린 표현이에요.

 강에서 조그마한 조약돌을 주웠어요.
 아이는 조그만 손으로 선물을 건넸다.

| 족 | 집 | 게 | | 쪽 | 집 | 게 | |

주로 잔털이나 가시 등을 뽑는 데 쓰는 작은 기구를 '족집게'라고 하며, '족집게 과외'처럼 어떤 사실을 정확하게 잘 알아맞히는 능력을 가진 사람도 '족집게'라고 불러요.

주의

'족집개', '쪽집게' 등으로 쓰지 않도록 주의하세요.

 손가락에 박힌 가시를 **족집게**로 뽑았어요.
 선생님은 스스로 '**족집게** 도사'라고 불렀어요.

| 졸 | 리 | 다 | | 졸 | 립 | 다 | |

자고 싶은 느낌이 든다는 뜻으로 '졸리다'가 맞고, '졸립다'는 틀린 말이에요. '졸리다 / 졸려 / 졸리니'로 쓰여요.

 아무리 잠을 자도 계속 **졸리고** 피곤해.
 밤에 잠을 설쳤더니 낮에도 계속 **졸리다**.

주 워 줏 어

바닥에 떨어진 것을 집는 '주워'의 기본형은 '줍다'예요.
'주워 / 주우니 / 줍는'으로 쓰여요.

주의

'주워'를 '줏어', '주어'로 잘못 쓰지 않도록 주의하세요.

> 🧒 쓰레기는 **주워서** 쓰레기통에 넣어 주세요.
> 👧 바닥에 떨어진 예쁜 단풍잎을 **주웠어요**.

줄 게 줄 께

'줄게', '할게', '갈게'처럼 '-ㄹ게'는 어떤 행동에 대한
약속이나 의지를 나타내는 구어체의 말이에요.
[-ㄹ께]로 발음하지만 쓸 때는 모두 '-ㄹ게'로 표기해야 해요.

짓궂다 ⭕ 짖궂다 ❌

장난스럽게 남을 괴롭히고 귀찮게 하여
달갑지 않다는 뜻으로 '짓궂다'가 맞는 표현이에요.
'짓궂어 / 짓궂은 / 짓궂으니'로 씁니다.

비슷한 표현
'짓-'은 '마구, 함부로, 몹시'의 뜻을 더하는 말로,
'짓궂다', '짓누르다', '짓밟다' 등의 낱말에 들어가요.

 동생한테 **짓궂게** 굴면 안 돼.

 준기는 **짓궂은** 장난을 치고도 사과할 줄 몰라요.

쩨쩨하다 ⭕ 째째하다 ❌

'쩨쩨하다'는 너무 적거나 하찮아서 시시하고
신통치 않거나 인색하다는 뜻이에요.
'째째하다'로 쓰지 않도록 주의하세요.

 창민이는 치사하고 **쩨쩨하기로** 유명하다.

 쩨쩨하게 꾀를 부리는 것을 보니 화가 났어요.

| 찌 | 개 | | 찌 | 게 | |

뚝배기나 냄비에 국물을 자작하게 해서
양념을 넣어 끓인 반찬을 '찌개'라고 해요.
음식점에 가면 간혹 '-찌게'라고
잘못 표기된 것을 볼 수 있어요.

> 아빠는 김치**찌개**를 맛있게 드셨어요.
> **찌개** 국물이 뜨거워서 식혀서 먹었어요.

| 착 | 잡 | 하 | 다 | | 착 | 찹 | 하 | 다 | |

'착잡하다'는 갈피를 잡을 수 없이 뒤섞여
어수선하다는 뜻이에요. '기분이 착잡하다',
'마음이 착잡하다' 등으로 표현해요.

주의

'착잡하다'의 '잡'은 어수선하다는 뜻으로
'복잡하다'에 쓰이는 '잡'도 같은 뜻이에요.

> **착잡한** 마음으로 손만 만지작거렸다.
> 시험에서 떨어졌다는 소식을 듣고 마음이 **착잡해졌다**.

'창피'는 체면이 깎이는 일을 당하거나 그에 대한 부끄러움을 뜻해요. 자연스럽게 발음되는 '챙피하다'로 쓰기도 하는데 이는 틀린 표현이에요.

 친구들에게 힘자랑하는 것은 **창피**한 행동이야.
 부모님께 성적표를 보여 드리기 **창피**했다.

'책꽂이'는 책을 세워서 꽂아 두는 물건으로, '책+꽂다+이'가 합해진 말이에요. '꽂다'의 의미를 살려 '책꽂이'가 맞는 표현이에요.

비슷한 표현
'꽃꽂이', '바늘꽂이', '연필꽂이'도 '꽂이'를 살려서 씁니다.

 우리 집 **책꽂이**에 꽂혀 있는 책을 다 읽었어요.
부모님께 **책꽂이** 사이에서 오래전에 받은 편지를 발견했어.

천 장 천 정

'천장'은 지붕의 안쪽을 뜻하는 말이에요.
본래 '천정(天井)'의 한자어에서 온 말이지만,
사람들이 널리 쓰는 '천장'이 표준어가 되었어요.

> **비슷한 표현**
> 고소한 열매인 '호두'도 '호도(胡桃)'라는 한자어에서 온 말로,
> 지금은 '호두'가 표준어예요.

천장에 있는 전등 불빛이 너무 밝아요.
누워서 가만히 **천장**을 올려다보았다.

초 점 촛 점

'초점'은 사람들의 관심이나 주의가 집중되는
사물의 중심 부분을 가리켜요.
'초점(焦點)'은 한자어이며, 한자어에는
사이시옷을 적지 않는 것이 원칙이에요.

자꾸 다른 이야기를 해서 문제의 **초점**을 흐리지 마.
너무 졸려서 눈동자의 **초점**이 풀어졌어요.

추스르다 추스리다

'추스르다'는 몸을 가누어 움직이거나,
일이나 생각을 수습하여 처리한다는 뜻이 있어요.
'추스르다 / 추슬러 / 추스르니'로 쓰여요.

주의
'추스리다', '추슬르다'로 잘못 쓰지 않도록 주의하세요.

 며칠째 누워만 있다가 이제야 몸을 **추스르고** 일어났다.
 슬프겠지만 마음을 잘 **추스르길** 바랄게.

치르다 치루다

'치르다'는 무슨 일을 겪어 낸다는 뜻으로
'치러 / 치르니 / 치렀다'로 씁니다.

주의
'치뤄 / 치루니 / 치뤘다'는 틀린 표현이에요.

 매주 학원에서 영어 시험을 **치러요**.
 큰일을 줄줄이 **치르고** 나니 온몸에 힘이 쭉 빠졌다.

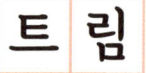 

먹은 음식이 위에서 잘 소화되지 않아서 생긴 가스가 입으로 나오는 것을 '트림'이라고 해요. '트름'으로 잘못 쓰는 경우가 많아요.

 식사가 끝나면 꼭 **트림**이 나와요.
 준수는 끅끅 소리를 내며 **트림**을 해요.

'폭발'은 불이 일어나며 갑작스럽게 터지거나, 속에 쌓여 있던 감정이 일시에 세찬 기세로 나오는 것을 말해요. 읽을 때는 [폭빨]로 발음해요.

주의

폭발시켜 부수는 것을 '폭파'라고 해요.
'폭발', '폭파'를 함께 기억해 두면 헷갈리지 않아요.

 큰 소리가 나면서 산 너머에 **폭발**이 일어났다.
 지금까지 쌓여 왔던 감정이 **폭발**하고 말았어.

하마터면 하마트면

'하마터면'은 '조금만 잘못했으면'이라는 뜻으로 위험했을 상황에서 벗어났을 때 쓰는 말이에요. '하마터면 –할 뻔하다'라는 구성으로 쓰입니다.

한가락 한가닥

'한가락'은 어떤 방면에서 썩 훌륭한 재주나 솜씨를 가리키는 한 낱말이에요. '한가닥 했다'는 틀린 표현이고, '한가락 했다'로 써야 해요.

 내가 말이야. 옛날에 **한가락** 했었지.

 나름 **한가락** 한다는 사람들이 한자리에 모였다.

| 한 | 움 | 큼 | | 한 | 웅 | 큼 | |

'움큼'은 손으로 한 줌 움켜쥘 만한 분량을 세는 단위예요.
손가락으로 힘 있게 잡는다는 뜻의 '움키다'에서
비롯된 말이에요. '웅큼'은 틀린 말입니다.

비슷한 표현

손에 쥘 만한 분량을 세는 단위인 '줌'과 비슷한 말이에요.

> 할머니께서 땅콩을 **한 움큼** 집어 주셨어요.
> 아주머니는 콩나물을 **한 움큼** 뽑아 봉지에 담아 주셨다.

| 할 | 게 | | 할 | 께 | |

흔히 '할께', '할껄' 등으로 쓰는데 틀린 표현이며,
'할게', '할걸'이라고 써야 해요.

비슷한 표현

'꺼야'도 틀린 표현이며, '거야'가 맞는 말이에요.

> 내 방 청소는 내가 **할게요**.
> 우리가 여기 왔다는 것을 아무도 모를 **거야**.

'해님'은 해를 높이거나 다정하게 부르는 말이에요.
'달님', '별님', '토끼님'처럼 앞말에 '-님'이 붙어서 만들어진 말입니다.

 주의

'햇님'은 틀린 말이고, '해님'으로 쓰고 [해님]으로 읽어요.

 날이 어둑어둑해지자 **해님**이 숨었어요.
해님과 달님 이야기를 들려줄까?

'핼쑥하다'는 얼굴에 핏기가 없고 파리하다는 뜻이에요.
흔히 '핼쓱하다'로 쓰는데 틀린 표현이에요.

 비슷한 표현

'해쓱하다'도 비슷한 말로,
'해쓱한 얼굴', '얼굴이 해쓱해 보인다'로 쓸 수 있어요.

 그의 **핼쑥한** 얼굴을 보자 안쓰러운 마음이 들었다.
감기를 앓더니, 얼굴이 **해쓱해졌어**.

| 허 | 투 | 루 | | 허 | 투 | 로 | |

'허투루'는 '아무렇게나 되는대로'라는 뜻의 순우리말이에요.
'허투루 말하다', '허투루 듣다', '허투루 하다'처럼 표현해요.
'허투로', '허트로'는 틀린 표현이에요.

> 숙제를 **허투루** 하면 안 돼.
> 수업을 **허투루** 들었더니 뭘 배웠는지 모르겠어.

| 헷 | 갈 | 리 | 다 | | 헛 | 갈 | 리 | 다 | |

'헷갈리다'와 '헛갈리다'는 정신이 혼란스럽게 되거나,
여러 가지가 뒤섞여 갈피를 잡지 못한다는 뜻으로
둘 다 표준어입니다.

| 휴 | 게 | 실 | 　| 휴 | 계 | 실 |

'휴게실'은 잠깐 동안 머물러 쉴 수 있도록 마련해 놓은 방을 뜻해요. '간이 휴게소', '고속도로 휴게소'의 '휴게소'는 쉴 수 있도록 마련해 놓은 장소를 말해요.

주의
'휴계실', '휴개실', '휴개소'로 잘못 쓰는 경우가 많으니 주의하세요.

 얘들아, **휴게실**에 가서 간식 먹자!
 도서관 **휴게실**에서 친구들과 수다를 떨었어요.

| 희 | 한 | 하 | 다 | 　| 희 | 안 | 하 | 다 |

'희한하다'는 매우 드물거나 신기하다는 뜻이에요. '희안하다'로 잘못 쓰기도 해요. 주로 '희한한 일', '희한한 장면', '희한한 물건' 등으로 표현해요.

 박물관에는 **희한한** 물건이 많아요.
 어젯밤에 **희한한** 꿈을 꾸었어요.

그 밖의 OX 맞춤법

O	X	예
가만히	가만이	가만히 앉아 있다.
게걸스럽다	개걸스럽다	게걸스럽게 먹다
경쟁률	경쟁율	높은 경쟁률
골칫거리	골치거리	골칫거리가 생기다.
구레나룻	구렛나루	구레나룻이 시커멓다.
구시렁	궁시렁	계속 구시렁거리다.
굼벵이	굼뱅이	굼벵이 걸음
굽이굽이	구비구비	굽이굽이 흐르는 강물
궤변	괴변	궤변을 늘어놓다.
귀고리	귀걸이	예쁜 귀고리
금의환향	금의환양	성공하여 금의환향하다.
깊숙이	깊숙히	산속 깊숙이 들어가다.
까무러치다	까무라치다	까무러치게 놀라다.
깍두기	깍뚜기	깍두기를 담그다.
깔때기	깔대기	나팔꽃 모양의 깔때기
꺼림직하다	꺼름직하다	먹기 꺼림직하다.

O	X	예
나루터	나룻터	강변에 있는 나루터
나뭇가지	나무가지	나뭇가지에 앉은 새
넋두리	넉두리	넋두리를 늘어놓다.
널빤지	널판지	두꺼운 널빤지
노란색	노랑색	노란색 물감
녹록지	녹녹치	녹록하지 않은 일
늦깎이	늦깍이	늦깎이 대학생
단출하다	단촐하다	단출한 차림
당최	당췌	당최 알 수가 없다.
대물림	되물림	삼대째 대물림하다.
더욱이	더우기	더욱이 몸도 약하다.
덮밥	덥밥	제육 덮밥, 해물 덮밥
도롱뇽	도룡뇽	도롱뇽 한 마리
돌멩이	돌맹이	작은 돌멩이
되다	돼다	봄이 되다.
둘러싸이다	둘러쌓이다	산으로 둘러싸이다.

⭕	❌	예
뒤덮이다	뒤덮히다	눈으로 뒤덮인 동네
뒤처리	뒷처리	뒤처리는 깨끗이!
딸꾹질	딸국질	딸꾹질을 하다.
떠들썩하다	떠들석하다	떠들썩한 교실
떨떠름하다	떫더름하다	떨떠름한 표정
뚝배기	뚝빼기	뚝배기에 담긴 찌개
뜨개질	뜨게질	뜨개질로 만든 옷
만반	만발	만반의 준비
망측하다	망칙하다	망측한 일
맵시	맵씨	맵시 있는 옷
머릿결	머리결	머릿결이 좋다.
머릿속	머리속	머릿속에 그려 보다.
메슥거리다	미식거리다	속이 메슥거리다.
며칟날	몇일날	몇 월 며칟날 올래?
명예 훼손	명예 회손	명예 훼손하다.
빈털터리	빈털털이	빈털터리가 되다.

O	X	예
빨랫줄	빨래줄	빨랫줄에 걸린 옷
세숫대야	세수대야	세숫대야에 담긴 물
셋째	세째	셋째 아들
손사래	손사레	손사래를 치다.
수군대다	수근대다	수군대는 사람들
수놈	숫놈	암놈과 수놈
수돗물	수도물	시원한 수돗물
순국선열	순국선혈	순국선열을 위한 묵념
쌈짓돈	쌈지돈	쌈짓돈을 내놓다.
쓸데없는	쓸때없는	쓸데없는 생각
씁쓸하다	씁슬하다	씁쓸하게 웃다.
알맹이	알멩이	포도 알맹이
어물쩍	어물쩡	어물쩍 넘기다.
어쨌든	어쨋든	어쨌든 안 할래.
염치 불고하고	염치 불구하고	염치 불고하고 부탁하다.
예닐곱	여닐곱	예닐곱 살짜리 아이

O	X	예
예삿일	예사일	예삿일이 아니다.
외갓집	외가집	외갓집에 놀러 가다.
웃어른	윗어른	웃어른께 인사하다.
이파리	잎파리	무성한 이파리
인건비	인권비	인건비를 줄이다.
인사치레	인사치례	인사치레로 하는 말
장아찌	짱아치	마늘 장아찌
제가	저가	제가 할게요.
제육볶음	재육볶음	제육볶음 한 접시
제치고	제끼고	제치고 골을 넣다.
조르다	졸르다	사 달라고 조르다.
짜깁기	짜집기	짜깁기한 글
짭짤하다	짭잘하다	짭짤한 맛
초승달	초생달	초승달 모양의 눈썹
초주검	초죽음	초주검이 된 몸
칠흑	칠흙	칠흑 같은 밤

O	X	예
턱없다	택도 없다	턱없는 소리
통째	통채	통째로 먹다.
통틀어	통털어	전 세계 통틀어 최고!
파헤치다	파해치다	흙을 파헤치다.
핑계	핑게	핑계 대다.
하룻밤	하루밤	하룻밤을 자다.
할 일 없이	하릴없이*	할 일 없이 빈둥대다.
헤매다	해메다	길을 헤매다.
후유증	휴유증	교통사고 후유증
휑하다	횡하다	휑한 거리
흉측하다	흉칙하다	흉측한 모습
흐리멍덩하다	흐리멍텅하다	흐리멍덩한 눈
흠집	흠짓	흠집을 내다.
희희낙락	희희낙낙	희희낙락하며 놀다.

*하릴없이 : '달리 어떻게 할 도리 없이'라는 뜻이에요. 해야 할 일이 없을 때는 '할 일 없이'로 띄어 써요. '할 일 없이'를 '하릴없이'로 쓰지 않도록 주의하세요.

'가르치다 vs 가리키다', '다르다 vs 틀리다'처럼 헷갈리기 쉬운 낱말을 비교 설명했습니다. 생활 속 예문을 통해 낱말의 쓰임을 익혀 보세요.

뜻이 서로 다른 맞춤법

가르치다 vs 가리키다

'가르치다'는 정보나 지식 등 모르는 것을 알게 해 준다는 뜻이고, '가리키다'는 손가락 등으로 방향이나 대상을 집어 보이는 것을 말해요.

주의
잘못된 표현인 '가르키다'로 쓰지 않도록 주의하세요.

 선생님은 우리에게 공부를 **가르쳐** 주셨어요.
 칠판의 글씨를 손으로 **가리켰어요**.

갖다 vs 갔다

'갖다'는 '가지다'의 준말로, '갖고 / 갖지 / 가진 / 가져서' 등으로 쓰여요. '갔다'는 기본형 '가다'의 과거를 뜻하는 낱말이에요. 둘 다 [갇따]로 발음이 같지만, 서로 다른 뜻을 가지고 있어요.

 이 책은 내가 **갖고**, 저 책은 네가 **가져라**.
 아침 일찍 학교에 **갔다**.

거름 vs 걸음

'거름'은 식물이 잘 자라도록 땅을 기름지게 하기 위해 주는 비료나 똥, 오줌, 썩은 동식물 등을 섞어 놓은 것이에요.
'걸음'은 두 발로 번갈아 걷는 동작을 말해요.

 농부는 밭에 **거름**을 주었어요.
 등교 시간에 늦어 빠른 **걸음**으로 걸었어요.

건투 vs 권투

흔히 '건투를 빌다'라고 표현할 때 쓰는
'건투'는 씩씩하게 잘 싸우라는 뜻을 가지고 있어요.
'권투'는 두 사람이 양손에 글러브를 끼고 겨루는 경기예요.
둘을 혼동하기 쉬우니 주의하세요.

걷히다 vs 거치다

'걷히다'는 구름이나 안개가 없어지거나, 비가 그치고 맑게 개는 것을 뜻해요. '거치다'는 오가는 도중에 지나가거나 들르는 것을 말해요.

> **비슷한 표현**
>
> '거치다'는 '발에 돌이 거치다'처럼 무엇에 걸리거나 막힌다는 뜻도 있어요.

 안개가 **걷히면서** 웅장한 계곡이 모습을 드러냈다.
 이 버스는 공원을 **거쳐** 박물관으로 가요.

결제 vs 결재

'결제'는 돈을 주고받아 거래를 끝맺는 일을 말하며, '학원비 결제', '카드 결제' 등으로 쓰여요.
발음이 비슷한 '결재'는 상관이 부하가 제출한 안건을 승인하는 것으로 '결재 서류', '결재를 받다' 등으로 씁니다.

 휴대폰 요금을 카드로 **결제**했다.
 결재 서류를 검토하고 사인해 주세요.

계발 vs 개발

'계발'은 슬기나 재능 등 정신적인 면을 일깨워 주는 것이며
'상상력 계발', '창의력 계발' 등으로 쓰여요.
'개발'은 기술이나 땅 등 물질적인 면을 유용하게 만드는 것으로
'프로그램 개발', '교육 개발' 등으로 표현해요.

 우리 엄마는 자기 **계발**을 위해 항상 노력하신다.
 어린이를 위한 새로운 예절 교육 프로그램이 **개발**되었어요.

곧 vs 곳

'곧'은 '지체없이, 금방'이라는 뜻이고,
'곳'은 장소를 나타내는 말이에요.

비슷한 표현

'살아 있음이 곧 행복이다', '수업이 곧 평가다'처럼
'곧'은 '다름 아닌 바로'라는 뜻도 있어요.

 하늘을 보니 **곧** 비가 오려나 봐.
 식당이 가는 **곳**마다 문을 닫았군.

골다 vs 곯다

'골다'는 잠잘 때 드르렁거리며 소리를 내는 것을 뜻하며
'골아 / 고는 / 고니'로 쓰여요.
'곯다'는 속이 물러져 상하는 것을 말해요.

> 아빠의 코 **고는** 소리가 너무 시끄러워요.
>
> 수박이 **곯아서** 먹지 못했어요.

교제 vs 교재

서로 사귀는 것을 '교재한다'라고 쓰면 틀린 표현이에요.
'교제한다'라고 써야 해요.
'교제'는 서로 사귀어 가까이 지내는 것이며,
'교재'는 여러 가지 교육 재료를 뜻합니다.

> **비슷한 표현**
>
> '교제'는 꼭 남녀 사이에서만 쓰는 건 아니에요. 어떤 목적을 위해 가까이 사귄다는 뜻으로 '사업상 교제', '외국인 교제'로도 써요.

> 둘은 벌써 일 년째 **교제** 중이야.
>
> 학원에서 오늘부터 새로운 **교재**로 공부했다.

그러므로 vs 그럼으로

'그러므로'는 앞의 내용이 뒤의 내용의 이유나 원인이
될 때 쓰며, '그럼으로'는 '그렇게 함으로써',
'그런 수단을 가지고'의 뜻이 있어요.

주의

'그럼으로'에는 '-써'가 붙을 수 있고,
'그러므로'에는 붙을 수 없습니다.

 나는 생각한다. **그러므로** 존재한다.

 매일 열심히 공부하고 있어. **그럼으로써** 부모님의
은혜에 보답하는 거야.

깍듯이 vs 깎듯이

'깍듯이'는 분명하게 예의범절을 갖추는 태도를 나타내요.
'깎듯이'는 칼로 벗겨 내는 '깎다'에서 비롯된 것으로
'깎는 것처럼'이라는 뜻이에요.

 집에 오는 손님은 **깍듯이** 대해야 해요.

 엄마는 기다란 우엉을 연필 **깎듯이** 깎아요.

껍데기 vs 껍질

'껍데기'는 달걀이나 조개 같은 것의 겉을 싸고 있는 단단한 물질이에요. '껍질'은 과일처럼 딱딱하지 않은 물체의 겉을 싸고 있는 겉껍질을 말해요.

 삶은 달걀의 **껍데기**를 벗겼어요.
 사과 **껍질**을 칼로 얇게 깎아요.

꼬리 vs 꽁지

'꼬리'는 동물의 몸뚱이 끝에 붙어서 나와 있는 부분이며, '꽁지'는 새의 꽁무니에 붙은 깃을 말합니다.

낟알 vs 낱알

'낟알'은 껍질을 벗기지 않은 곡식의 알을 뜻하며,
'낱알'은 하나하나 따로따로인 알을 가리켜요.
'낱'은 셀 수 있는 하나하나의 물건을 뜻하고
'낱개', '낱장', '낱권'과 같이 쓰여요.

 가을이 되면 벼의 **낟알**이 누렇게 익어 가요.
 구슬 목걸이가 끊어지면서 **낱알**로 흩어졌다.

날다 vs 나르다

'날다'는 공중을 움직이는 것을 뜻하며
'날아 / 나는 / 나니'로 쓰여요.
'나르다'는 물건을 다른 곳으로 옮기는 것을 말하며
'날라 / 나르는 / 나르니'로 쓰입니다.

> **주의**
> '나비가 날라간다'는 틀린 표현이고, '나비가 날아간다'로 써야 해요.

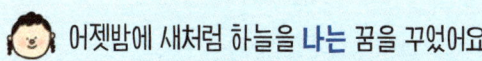 어젯밤에 새처럼 하늘을 **나는** 꿈을 꾸었어요.
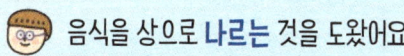 음식을 상으로 **나르는** 것을 도왔어요.

'낮'은 해가 뜰 때부터 질 때까지의 동안을 가리키며, '낯'은 얼굴을 가리키는 말이에요. '웃는 낯', '민낯', '낯이 두껍다', '낯을 붉히다' 등의 표현을 쓸 때 '낮'으로 쓰지 않도록 주의하세요.

비슷한 표현
위와 발음이 같은 '낫'은 곡식이나 나무, 풀 등을 벨 때 쓰는 농기구예요.

 여름은 **낮**이 밤보다 길어요.
 부끄러워서 **낯**을 들 수가 없다.

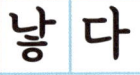

'낳다'는 아기나 새끼를 몸 밖으로 내놓는 것을 뜻해요.
'낫다'는 병이 고쳐지거나, 어떤 것보다 더 좋다는 말이에요.

비슷한 표현
'낳다'는 '사랑은 기적을 낳는다'처럼 새로운 결과를 가져올 때도 쓰여요.

 우리 집 개가 **낳은** 새끼가 일곱 마리예요.
 할아버지는 병이 다 **나아서** 퇴원하셨어요.

너비 vs 넓이

'너비'는 평면의 가로로 건너지른 거리를 뜻하며,
'넓이'는 평면에 걸쳐 있는 공간이나 범위의 크기를 가리켜요.
즉, '너비'는 가로 길이나 폭을 말하고,
'넓이'는 면적의 개념이지요.

 발을 어깨**너비**만큼 벌리고 바르게 서세요.

 방 **넓이**가 두 사람이 겨우 누울 정도로 좁다.

넓적하다 vs 넙적하다

'넓적하다'는 우리가 흔히 알고 있는 넓다는 뜻이에요.
잘못 쓰기 쉬운 '넙적하다'의 '넙적'은 무엇을 냉큼
벌렸다가 닫거나, 냉큼 엎드리는 모양을 뜻해요.
'넙적 받다', '넙적 엎드리다' 등으로 표현해요.

 넓적한 그릇에 음식을 가득 담았어요.

 할머니께 **넙적** 엎드려 절을 올렸어요.

넘어 vs 너머

'넘어'는 높은 곳의 위를 지난다는 뜻으로 동작을 나타내며,
'너머'는 가로막은 사물의 저쪽 공간을 가리켜요.
쉽게 구별하는 방법은 직접 넘는 동작이 들어가는 뜻에
'넘어'를 쓰면 됩니다.

 대문 열쇠가 없어서 담을 **넘어** 들어왔어요.
 창문 **너머**로 쏟아지는 빗줄기가 보여요.

놀라다 vs 놀래다

갑자기 무서움을 느낀 것은 '놀라다'이며,
반대로 남을 놀라게 하는 것은 '놀래다'예요.

비슷한 표현
'놀래키다'는 충청도 사투리로 '놀래다'가 표준어입니다.

 나물 무침이 생각보다 맛있어서 깜짝 **놀랐다**.
 반드시 성공해서 세상을 **놀래** 줄 거야.

늘이다 vs 늘리다

'늘이다'는 처음보다 더 길게 한다는 뜻이며,
'늘리다'는 물체의 넓이, 부피 등을 늘게 한다는
뜻이에요. 예컨대 고무줄처럼 잡아당겨서 길게 하는 것은
'늘이다'를 쓰고, 수와 능력, 시간 등에는 '늘리다'를 씁니다.

 엿가락을 길게 **늘여서** 먹어요.

 실력을 더욱 **늘려서** 다음 시험은 잘 봐야지!

다르다 vs 틀리다

'다르다'는 비교가 되는 두 대상이 서로 같지 않다는 뜻이고,
'틀리다'는 셈이나 사실이 맞지 않을 때 쓰는 말이에요.
즉, 서로 같지 않을 때는 '다르다',
답이 맞지 않을 때는 '틀리다'를 쓰면 됩니다.

 쌍둥이인데 얼굴만 같고 성격이 많이 **달라요**.

 쉬운 시험 문제도 **틀렸어요**.

다 리 다 vs 달 이 다

'다리다'는 다리미로 옷의 주름을 펼 때 쓰는 말이며, '달이다'는 한약을 달이듯이 액체를 끓여서 진하게 만드는 것을 뜻해요. 서로 발음이 비슷해서 헷갈릴 때가 많으니 주의하세요.

 구겨진 옷은 다리미로 **다려** 주세요.
 우리 집은 대추를 **달여** 차로 마셔요.

다 치 다 vs 닫 히 다

'다치다'는 부딪치거나 맞아서 몸에 상처를 입은 것을 말하고, '닫히다'는 문과 서랍 등이 닫아지는 것을 뜻해요.

비슷한 표현

'다치다'는 '마음을 다치다'처럼 남의 마음이나 체면, 명예에 손상을 끼친다는 뜻도 있어요.

 어젯밤 교통사고로 사람들이 **다쳤어요**.
 창문이 바람에 저절로 **닫혔다**.

닫다 vs 닿다

'닫다'는 열린 문, 뚜껑, 서랍 등을 제자리로 가게 하여 막는다는 뜻이에요. '닿다'는 어떤 물체가 다른 물체에 맞붙는 것을 말해요.

문을 그렇게 쾅 닫으면 어떡해! 내 손에 닿기만 해 봐.

달리다 vs 딸리다

흔히 '실력이 딸리다'라고 표현하는데 틀린 표현이에요. 능력이나 힘이 모자라다는 뜻으로 '달리다'가 맞습니다. '딸리다'는 어떤 것에 붙어 있거나 속할 때 쓰는 말이에요.

 운동 실력이 **달려서** 그런지 얼마 안 돼서 지쳤다.

 모든 방에는 화장실이 **딸려** 있어요.

당기다 vs 땅기다

'당기다'는 물건에 힘을 주어 가까이 오게 하는 것이며, '땅기다'는 몹시 단단하고 팽팽하게 된다는 뜻이에요. '고삐를 당기다', '얼굴이 땅기다'처럼 표현해요.

비슷한 표현

'당기다'는 입맛이 돋우어진다는 뜻도 있어서 '입맛이 당기다', '음식이 당기다'로 쓰여요. 이때 '땅기다', '댕기다'로 쓰면 안 돼요.

 모두 힘을 모아 밧줄을 있는 힘껏 **당기자!**

 바지가 너무 작아서 엉덩이 부분이 많이 **땅겨요**.

대개 vs 대게

'대개'는 '일반적인 경우에, 대부분'이라는 뜻으로 '대개의 경우', '대개 그렇다' 등의 표현에 쓰여요. 갑각류 게의 한 종류인 '대게'로 잘못 쓰지 않도록 주의하세요.

 마늘 한 톨은 **대개** 여섯 쪽이야.

 손꼽히는 영덕 **대게** 맛집을 찾았어요.

'대로'는 '어떤 상태나 행동이 나타나는 즉시'라는 뜻이며,
'데로'는 곳, 장소, 일, 것, 경우 등을 나타내요.

장소를 나타낼 때는 '데로', 그 외는 '대로'를 쓴다고 기억하세요.

 집에 오는 **대로** 숙제를 먼저 해야 해.
 하던 일을 그만두고 다른 **데로** 갔다.

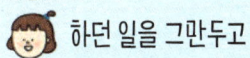

'-던지'는 과거의 일을 다시 말할 때 쓰며,
'-든지'는 여러 개 중 어떤 것을 선택할 때 써요.
발음이 비슷하여 혼동하기 쉬운데 서로 다른 뜻을
가지고 있으니 주의해서 사용하세요.

 얼마나 **춥던지** 입까지 꽁꽁 얼었어.
우리랑 같이 **가든지 말든지** 네 마음대로 해.

'덥다'는 온도가 높은 것을 말하며
'덥다 / 더워 / 더우니'로 써요.
'덮다'는 무엇인가를 얹어서 씌우는 것을 뜻하며
'덮다 / 덮어 / 덮으니'로 씁니다.

비슷한 표현
펼쳐져 있는 책을 닫을 때도 '책을 덮다'라고 표현해요.

 너무 **더워서** 꽃이 시들었어요.
 여름에도 이불을 **덮고** 자요.

'두껍다'는 두께가 보통보다 크다는 뜻이며,
'두텁다'는 믿음, 관계, 인정 등이 굳고 깊다는 뜻이에요.

 두꺼운 책은 내용도 어려울 것 같아요.
 현우와는 우정이 **두터운** 사이예요.

뒤- vs 뒷-

'뒤-'와 '뒷-'은 현재의 방향과 반대되는 쪽이나 곳을 가리켜요. 뒤에 오는 말이 된소리(ㄲ, ㄸ, ㅃ, ㅆ, ㅉ)나 거센소리 (ㅋ, ㅌ, ㅍ, ㅊ)로 시작하면 '뒤-'를 쓰고 나머지는 '뒷-'을 써요.

비슷한 표현

'아래-'와 '아랫-', '위-'와 '윗-'도 같은 경우이며, '아래쪽', '아랫동네', '위쪽', '위턱', '윗길' 등으로 쓰여요.

 버스를 타면 친구들과 **뒤쪽** 자리에 앉는다.

 뒷모습만 봐서는 누구인지 잘 모르겠어.

드러내다 vs 들어내다

'드러내다'는 가려 있거나 보이지 않던 것을 보이게 하거나 알려지지 않은 사실을 널리 밝혀지게 한다는 뜻이에요.
'들어내다'는 물건을 들어서 밖으로 옮기는 것을 뜻해요.

 만화책을 보면서 이를 **드러내고** 크게 웃었다.

 낡은 카펫을 **들어내니** 집이 훨씬 넓어 보여요.

들렀다 vs 들렸다

'들렀다'는 지나는 길에 잠깐 머무르는 것을 말하며
'들르다 / 들러서 / 들렀다'로 써요.
'들렸다'는 소리가 들리는 것을 말하고
'들리다 / 들려서 / 들렸다'로 씁니다.

 집에 오는 길에 엄마와 함께 시장에 **들러서** 과일을 샀어요.
 멀리서 누군가 부르는 소리가 **들려서** 귀를 기울였어.

들이켜다 vs 들이키다

'들이켜다'는 물과 같은 액체를 단숨에 마시거나,
공기나 숨을 세차게 들이마시는 것을 뜻해요.
'들이키다'는 안쪽으로 가까이 옮긴다는 뜻이에요.
'들이켜다'를 '들이키다'로 잘못 쓰는 경우가 많아요.

 시원한 물을 **들이켜면** 가슴까지 시원해져.
 짐을 안쪽으로 **들이키고** 청소를 했다.

때다 vs 떼다

'때다'는 아궁이에 불을 지펴 타게 하는 것이에요.
'장작을 때다', '방에 불을 때다'처럼 쓰여요.
'떼다'는 붙어 있는 것을 떨어지게 한다는 뜻으로
'벽보를 떼다', '상표를 떼다'처럼 씁니다.

> 온돌방은 아궁이에 불을 **때서** 방바닥을 덥혀요.
> 새로 산 옷은 상표를 **떼면** 교환이 안 된대요.

떨다 vs 털다

'떨다'와 '털다'는 달려 있거나 붙어 있는 것을 떼어 낸다는
뜻을 가지고 있어요. 둘을 구별하는 방법은 '떨다'는 '먼지, 재,
옷에 얹힌 눈'과 같이 비교적 작은 것에 쓰이고,
'털다'는 '옷, 이불' 등에 씁니다.

비슷한 표현
먼지는 떠는 기구는 '먼지떨이',
담뱃재는 떨어 놓는 그릇은 '재떨이'라고 해요.

> 옷에 묻은 먼지를 **떨기** 위해 옷을 **털었다**.
> 아저씨가 재떨이에 담뱃재를 **떨었다**.

'띄다'는 '뜨이다'의 준말로, 눈에 보이거나,
남보다 두드러진다는 뜻이에요.
'띠다'는 표정이나 감정을 드러내다,
빛깔을 나타낸다는 뜻을 가지고 있어요.

 옷차림이 화려해서 눈에 잘 **띈다**.

 너의 미소 **띤** 얼굴은 참 예뻐.

- 로 서 vs - 로 써

'-로서'는 지위나 자격을 나타낼 때 쓰이며,
'-로써'는 재료, 수단, 도구, 방법을 나타낼 때 쓰는 말이에요.
발음이 같아서 혼동해서 쓰는 일이 많으니 주의하세요.

맞추다 vs 맞히다

'맞추다'는 제자리에 맞게 붙이거나, 서로 다른 것을 비교해 본다는 뜻이에요. '맞히다'는 문제에 대한 답을 맞게 하거나 화살이나 비 등을 맞게 할 때 쓰여요.

비슷한 표현
'마치다'는 어떤 일이나 과정이 끝난다는 뜻으로 서로 발음이 비슷하니 주의해서 쓰세요.

 색깔별로 줄을 **맞추어** 퍼즐을 **맞춰** 보세요.
 이 문제의 정답을 **맞혀** 봐!

맡다 vs 맞다

'맡다'는 일이나 책임을 넘겨받는다는 뜻과 코로 냄새를 느낀다는 뜻이 있어요.
'맞다'는 틀림이 없다, 어떤 때를 맞이한다는 뜻이에요.

 입으로 맛보고 코로 냄새를 **맡아요.**
 듣고 보니 네 말이 **맞아.**

'매우'는 보통보다 훨씬 더함을 뜻하며 '꽤', '아주'와 비슷한 말이에요. '너무'는 일정한 정도나 한계에 지나치게라는 뜻으로 부정적인 의미를 표현할 때 쓰여요.

주의
'매우', '아주', '꽤' 등을 써야 할 자리에 '너무'를 쓰지 않도록 주의하세요.

 나율이는 친구들에게 **매우** 친절해요.
 난간에 기대는 것은 **너무** 위험해!

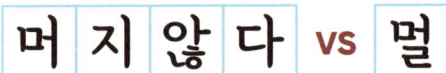

'머지않다'는 시간적으로 멀지 않다는 뜻이며, '멀지 않다'는 거리가 멀지 않다는 뜻으로 구별해서 써야 해요.

주의
'머지않다'는 하나의 낱말이므로 붙여 씁니다.

 우주여행을 갈 날도 **머지않았다**.
 공원에서 박물관까지는 생각보다 **멀지 않아요**.

메다 vs 매다

'메다'는 어깨에 걸치거나 올려놓는 것을 말하며, '매다'는 끈이나 줄을 잡아당겨서 풀어지지 않게 마디를 만드는 것을 뜻해요.

비슷한 표현

'메다'는 '울어서 목이 메다'처럼 감정이 북받쳐 소리가 잘 나지 않을 때도 쓰여요.

 아빠는 낚싯대를 **메고** 저수지로 향하셨어요.

 강아지에게 새로 산 목줄을 **매어** 주었어요.

목 vs 몫

'목'은 우리의 신체 부위 중 머리와 몸통을 잇는 부분을 가리켜요. '몫'은 여럿으로 나누어 가지는 각 부분을 말해요. 둘 다 발음이 [목]으로 같으니 주의해서 쓰세요.

 목을 길게 빼고 창밖을 내다보았어요.

 이것은 내 **몫**이지만 너한테 양보할게.

'몹쓸'은 악독하고 고약하다는 뜻으로 '몹쓸 병', '몹쓸 사람' 등으로 쓰여요. '못 쓸'은 물건 등을 사용하지 못한다는 뜻으로 띄어 써야 해요.

 몹쓸 행동을 하고서도 뉘우침이 없다니!
 못 쓸 자전거를 고쳐서 새것처럼 만들었어요.

무르다 vs 물리다

'무르다'는 굳은 것이 물렁하게 되다는 뜻으로 '물러 / 물르니'로 쓰여요. '물리다'는 다시 대하기 싫을 정도로 싫증이 날 때 쓰는 말로 '물려 / 물리니'로 씁니다.

비슷한 표현

'무르다'는 '새로 산 옷을 돈으로 물렀다'처럼 산 물건을 다시 돈으로 되찾는다는 뜻도 있어요.

 금세 **무르는** 과일은 냉장고에 넣어야 해.
 맛있는 것도 매일 먹으면 **물린다**.

묵다 vs 묶다

'묵다'는 일정한 때를 지나서 오래된 상태가 된다는 뜻으로
'묵다 / 묵어 / 묵으니'로 써요.
'묶다'는 끈이나 줄로 매듭을 만드는 것을 뜻하며
'묶다 / 묶어 / 묶으니'로 씁니다.

> **묵은** 김치의 시큼한 맛을 좋아해요.
> 다 읽은 책을 끈으로 **묶어** 기증했어요.

묻히다 vs 무치다

'묻히다'는 '흙을 묻히다'처럼 가루, 풀, 물 등을
그보다 큰 물체에 들러붙게 하는 것이에요.
또 '땅에 묻히다'처럼 다른 것에 가려 보이지 않게 된다는
뜻도 있어요. '무치다'는 나물 종류에 갖은 양념을 넣고
골고루 한데 뒤섞는 것을 말해요.

> 폭설로 마을 길이 눈에 **묻혔다**.
> 엄마는 함께 캔 냉이를 나물로 **무쳤어요**.

물의 vs 무리

'무리를 일으켜 죄송합니다'의 '무리'는 '물의'로 써야 맞아요.
'물의'는 어떤 사람이나 단체의 일 처리에 대해 많은 사람의 입에 오르내리는 일을 말해요.
'무리'는 사람이나 짐승 등이 여럿 모인 것을 뜻해요.

 물의를 빚어 죄송하다는 사과문이 발표되었다.
 기러기는 **무리**를 지어 날아다녀요.

미처 vs 미쳐

'미처'는 '아직 거기까지 미치도록'이라는 뜻으로
흔히 '미처 -못하다', '미처 -않다' 등으로 씁니다.
'미쳐'는 정신에 이상이 생기거나, 거리나 수준이
일정한 선에 닿는다는 뜻의 '미치다'가 기본형이에요.

주의
'미처'를 '미쳐'로 잘못 쓰는 경우가 많으니 주의하세요.

 개학 전에 **미처** 숙제를 끝내지 못했어요.
 시험 성적이 예상에 못 **미쳐** 아쉬워요.

바꾸다 vs 고치다

'바꾸다'는 원래 있던 것을 없애고 다른 것으로 채운다는 뜻과 상대방에게 어떤 물건을 주고 대신 다른 물건을 받는다는 뜻이 있어요. '고치다'는 고장 난 것, 틀린 생각을 바로잡을 때 쓰는 말이에요.

 친구와 다 본 책을 **바꿔** 읽기로 했어요.
 잘못된 버릇은 빨리 **고쳐야** 해요.

-박이 vs -배기

'-박이'는 무엇이 박혀 있는 사람이나 물건을 가리키며 '점박이', '네눈박이', '붙박이' 등의 낱말로 쓰여요. '-배기'는 그 나이를 먹은 아이나 그런 물건을 뜻하고 '세 살배기', '진짜배기' 등으로 표현해요.

주의
낱말에 '박다 / 박히다'의 의미가 살아 있으면 '-박이'를 쓰면 됩니다.

 항상 그 자리에서 빛나는 북극성을 **붙박이별**이라고 해요.
 여행을 갈 때는 내용이 충실한 **알짜배기** 정보를 참고해야 해.

반듯이 vs 반드시

'반듯이'는 '반듯하게'라는 뜻으로, 자세나 동작에 많이 쓰는 말이에요. '반드시'는 '틀림없이, 꼭'이라는 뜻이에요.

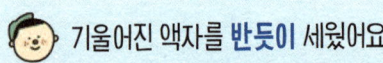
기울어진 액자를 **반듯이** 세웠어요.
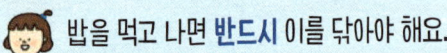
밥을 먹고 나면 **반드시** 이를 닦아야 해요.

배다 vs 베다

'배다'는 냄새가 스며들거나, 배 속에 아이나 새끼를 가지는 것을 뜻해요. '베다'는 날이 있는 물건으로 자르거나 상처를 입는다는 의미를 가지고 있어요.

> **비슷한 표현**
> '베다'는 '베개를 베다'처럼 누울 때 베개 등을 머리 아래에 받친다는 뜻도 있어요.

청국장 냄새가 옷에 **배었어요.**

종이를 자르다 실수로 손을 **베었어요.**

벌리다 vs 벌이다

'벌리다'는 둘 사이를 멀게 하거나, 열어서 속의 것을 드러내는 거예요. '벌이다'는 일을 계획하여 시작하거나, 물건을 늘어놓는 것을 말합니다.

벗어지다 vs 벗겨지다

'벗어지다'는 씌워진 물건이 저절로 떨어져 나가는 것이며 인위성이 없어요. '벗겨지다'는 씌워진 물건이 외부의 힘에 의해 떼어진다는 말이에요.
참고로 '벗어진 이마', '벗겨진 이마'는 둘 다 맞는 표현이에요.

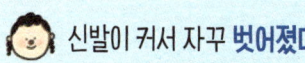 신발이 커서 자꾸 **벗어졌다**.
갑자기 나타난 돌부리에 걸려 신발이 **벗겨졌다**.

보전 vs 보존

'보전'과 '보존'은 둘 다 보호하고 지킨다는 뜻을 가지고 있어요.
'보전'은 잘못된 것을 고치고 다듬어 간직한다는 뜻으로
'환경'이나 '생태계'에 어울려 쓰고,
'보존'은 내려온 그대로를 간직한다는 뜻으로
주로 '문화재', '영토' 등에 어울려 쓰여요.

 습지 생태계를 **보전**하기 위한 다양한 의견들이 나왔어요.
 역사 건축물을 **보존**하기 위해서는 많은 노력이 필요해요.

봉우리 vs 봉오리

'봉우리'는 산의 능선에서 높이 솟은 곳을 말하며
'산봉우리'와 같은 말이에요.
'봉오리'는 꽃망울만 맺혀서 아직 피지 않은 꽃으로
'꽃봉오리'와 뜻이 같아요.

 산**봉우리**에 구름이 걸려 있어요.
 붉은 **꽃봉오리**가 곧 터질 듯이 부풀어 있어요.

부리 vs 입

'부리'는 새나 일부 짐승의 주둥이를 가리키는 말이며,
'입'은 음식을 먹고 소리를 내는 사람의 입을 가리켜요.

주의
새의 부리를 '입'이라고 쓰지 않도록 주의하세요.

 저어새의 **부리**는 주걱 모양으로 생겼다.
 저 사람은 **입**만 열면 거짓말을 해.

부수다 vs 부시다

'부수다'는 물건을 깨뜨리는 것을 뜻하며
'부수어 / 부숴 / 부수니'로 쓰여요.
'부시다는' 빛이 강해서 마주 보기 어려울 때 쓰는 말이에요.

비슷한 표현
'부시디'는 그릇을 깨끗하게 안나는 뜻도 있습니다.

 과자를 잘게 **부숴서** 입에 넣었어요.
 햇빛에 눈이 **부셔서** 눈을 뜰 수가 없어요.

부치다 vs 붙이다

'부치다'는 편지를 보내거나, 프라이팬에 음식을 익힐 때도 쓰입니다. '붙이다'는 물건이 떨어지지 않게 하거나, 불이 옮아 타게 한다는 뜻이 있어요.

 엄마가 김치 부침개를 **부쳐** 주셨어요.
 초에 불을 **붙여** 주세요.

붇다 vs 붓다

'붇다'는 물에 젖어서 부피가 커지거나, 분량이나 수효가 많아지는 것을 뜻해요. '붓다'는 액체나 가루 등을 담는 것, 살가죽이나 어떤 기관이 부풀어 오르는 것을 말해요.

비슷한 표현

'라면이 붇다(불어 / 불으니 / 붇는)',
'눈이 붓다(부어 / 부으니 / 붓는)'처럼 쓰여요.

 라면이 **붇기** 전에 드세요.
 울어서 퉁퉁 **부은** 눈으로 학교에 갔다.

비껴가다 vs 비켜 가다

'비껴가다'는 비스듬히 스쳐 지나간다는 뜻으로
'공이 골대를 비껴갔다', '태풍이 비껴갔다'처럼 표현해요.
'비켜 가다'는 무엇을 피하여 있던 곳에서 다른 곳으로 자리를
옮긴다는 뜻으로 띄어 씁니다.

주의
둘을 구별할 때는 의도적으로 동작을 하는지를 따져 보세요.
자신의 의지로 스스로 움직일 때는 '비켜 가다'가 맞아요.

 큰 태풍이 우리나라를 **비껴갔다**.
 전봇대가 있어서 옆으로 **비켜 갔다**.

비추다 vs 비치다

'비추다'는 빛을 내는 대상이 다른 대상에 빛을 보내어
밝게 한다는 뜻으로, '-을 비추다'처럼 표현해요.
'비치다'는 빛을 받아 모양이 나타나 보이는 것을 뜻하며
'-에 비치다'처럼 쓰여요.

 손전등으로 방 안을 환하게 **비췄다**.
 상자 안에 강한 빛을 **비추면** 속이 **비친다**.

빌다 vs 빌리다

'빌다'는 생각한 대로 이루어지길 바라거나, 잘못을 용서해 달라고 말하는 것을 뜻해요. '빌다 / 빌어 / 비니'로 써요.
'빌리다'는 남의 물건이나 돈을 돌려주기로 하고 얼마 동안 쓰는 것이에요. '빌리다 / 빌려 / 빌리니'로 씁니다.

주의
'이 자리를 빌려 감사의 말씀을 전한다'는 표현에서 '빌어'를 쓰면 안 돼요.

 부모님께 용서를 **빌어야** 해!

 친구에게 **빌린** 책을 돌려주었어요.

빗다 vs 빚다

'빗다'는 머리카락을 빗으로 가지런히 하는 것을 말하며
'빗다 / 빗어 / 빗으니 / 빗는'으로 쓰여요.
'빚다'는 흙을 이겨 만들거나, 가루를 반죽하여
만두, 송편 등을 만들 때 쓰는 말이에요.

 빗으로 머리를 곱게 **빗어요**.

 추석에는 햅쌀로 송편을 **빚어요**.

삐치다 vs 삐지다

성이 나서 마음이 토라진다는 뜻으로 '삐치다', '삐지다'는 둘 다 표준어예요. 처음에는 '삐치다'만 표준어였는데, 같은 뜻으로 널리 쓰이면서 '삐지다'도 표준어가 되었어요. '삐지다'는 칼로 물건이나 채소를 얇고 비스듬하게 잘라 낸다는 뜻도 있어요.

 민정이가 **삐쳤는지** 전화를 받지 않아요.

 배춧국에는 배추를 **삐져** 넣어야 해요.

삯 vs 싹

'삯'은 일한 데 대한 품값으로 주는 돈이나, 어떤 물건이나 시설을 이용하고 주는 돈을 뜻해요. 흔히 '비행기 값'이라고 하면 비행기를 구입한 돈을 뜻하므로 '비행기 삯'이라고 써야 해요. '싹'은 식물에서 처음 돋아나는 어린잎이나 줄기를 뜻해요.

 섬 마을 주민들은 **뱃삯**을 할인해 준대요.

 화분에 심은 씨앗에서 **싹**이 나왔어요.

섞다 vs 썩다

'섞다'는 두 가지 이상의 것을 한데 합치는 것을 말하며,
'썩다'는 음식물이 상하는 것을 뜻해요.

 우리 집은 쌀에 현미를 **섞어** 밥을 지어요.

 쓰레기가 **썩어** 냄새가 고약해요.

세다 vs 새다

'세다'는 힘이 많거나 물과 불, 바람 등의 기운이 크다는 뜻이에요. '새다'는 날이 밝아 오거나 기체나 액체, 빛이 구멍으로 빠져나가는 것을 뜻해요.

바람이 세서 걸어갈 수가 없어!

불빛이 새어 나오는 집이 보여. 조금만 힘내!

손자 vs 손주

'손자'는 아들의 아들이나 딸의 아들을 가리키는 말이고, '손주'는 손자와 손녀를 아울러 이르는 말이에요. 따라서 손자만 부르거나 손녀만 가리킬 때는 '손주'라고 쓰면 안 되고, 각각 '손자', '손녀'라고 불러야 해요.

 할아버지는 **손자**를 보며 제 아비를 닮았다고 말씀하셨다.

 할머니는 귀여운 **손주**들이 있다고 하셨어요.

수- vs 숫-

'수-'는 낱말 앞에 붙어서 수컷을 나타내요.
단, '숫쥐, 숫양, 숫염소'는 발음할 때 사이시옷이 들어가는 것이 자연스럽다고 판단하여 표준어로 삼았어요.

> **비슷한 표현**

거센소리 표기는 '수캉아지, 수캐, 수컷, 수키와, 수탉, 수탕나귀, 수톨쩌귀, 수퇘지, 수평아리'로 씁니다.

 한옥 지붕에는 **수키와**와 암키와를 이어서 얹는다.

 박물관에서 **숫양** 문양의 조각을 보았다.

시키다 vs 식히다

'시키다'는 누군가에게 어떤 일이나 행동을 하게 하는 것이고,
'식히다'는 더운 기운을 식게 하다는 뜻이에요.
발음이 같아 혼동하는 경우가 있으니 주의하세요.

비슷한 표현
'시키다'는 '커피를 시키다', '비빔밥을 시키다'처럼
음식을 주문할 때도 쓰여요.

 동생에게 심부름을 **시켰어요**.

 집에 돌아오자마자 선풍기 바람으로 땀을 **식혔다**.

쌓이다 vs 싸이다

'쌓이다'는 여러 개의 물건이 겹겹이 포개지거나,
경험과 기술, 지식, 재산 등이 얻어지는 것을 뜻해요.
'싸이다'는 물건이 보이지 않게 씌워져 가려지는 것을 말해요.

 매일 조금씩 공부한 지식이 **쌓여서** 큰 힘이 되었다.

 포장지에 꼭꼭 **싸인** 물건이 무엇인지 궁금해요.

안다 vs 앉다

'안다'는 두 팔을 벌려 가슴 쪽으로 끌어당기는 것을 말하며, '앉다'는 윗몸을 바로 한 상태에서 다른 물건이나 바닥에 몸을 올려놓는 것을 말해요. 둘 다 [안따]로 발음이 같아서 혼동하기 쉬우니 잘 구별해서 쓰세요.

비슷한 표현
'않다'는 어떤 행동을 안 하거나, 앞말의 부정을 나타내는 말이에요. '말을 않다', '가지 않다', '옳지 않다'로 쓰여요.

 엄마는 집에 돌아오는 가족을 항상 **안아** 주셨어요.

 모두 각자 자리에 **앉아** 주세요.

안치다 vs 앉히다

'안치다'는 밥, 떡, 찌개 등을 만들기 위해 재료를 솥이나 냄비에 넣고 불 위에 올리는 것을 말해요. '앉히다'는 다른 사람을 앉게 하는 것이에요.

 엄마는 쌀을 씻어 밥을 **안치고** 반찬 준비를 했어요.

 조카를 무릎에 **앉히고** 인사를 나누었어요.

안 하다 vs 않다

'안'은 '아니'의 준말이고, '않'은 '아니 하'의 준말이에요. 둘을 쉽게 구별하는 방법은 문장에 '아니'나 '아니 하'를 넣어 보고 자연스럽게 읽히는 것을 고르면 돼요.

 밥을 먹고 양치질도 **안 했다**.

 과자를 너무 많이 먹는 것은 건강에 좋지 **않다**.

알맞은 vs 맞는

'알맞은'은 일정한 기준과 조건에 넘치거나 모자라지 않는다는 뜻이에요. '맞는'은 옳다는 뜻이며, 크기나 규격이 어울린다는 뜻도 있어요.
'맞다'가 기본형으로 '맞아 / 맞으니 / 맞는'으로 쓰여요.

주의
'알맞는'은 틀린 표현이고, '알맞은'으로 써야 해요.

 오늘 날씨에 **알맞은** 옷차림이군.

 질문에 **맞는** 답은 무엇일까?

알은체 vs 아는 체

'알은체'는 사람을 보고 인사하는 표정을 짓거나, 어떤 일에 관심을 보이는 듯한 태도를 말해요.
'아는 체'는 모르는 것을 마치 잘 알고 있는 것처럼 행동하는 것을 말해요.

 진호는 나에게 **알은체**도 하지 않고 지나가 버렸다.
 보미는 제법 **아는 체**를 하며 설명을 했다.

얇다 vs 엷다

'얇다'는 두께가 두껍지 않다는 뜻이며,
'엷다'는 빛깔이 진하지 않다는 뜻입니다.

어떡해 vs 어떻게

'어떡해'는 '어떻게 해'가 줄어서 된 말로
'어떡해 / 어떡하면 / 어떡하지'라고 보통 서술어에 씁니다.
'어떻게'는 '어떠하다'가 줄어든 '어떻다'에 '-게'가 붙은 말이며
'어떻게 된 거냐?', '어떻게 가지?'처럼 표현해요.

 수업 시간에 자꾸 졸면 **어떡해?**
 이 일이 **어떻게** 된 건지 설명해 주세요.

업다 vs 엎다

'업다'는 등에 대고 손으로 붙잡거나 붙어 있게 한다는 뜻으로
'등에 업다', '업어 가도 모른다' 등으로 쓰여요.
'엎다'는 물건을 거꾸로 뒤집어 놓거나, 부주의로 넘어뜨려
속에 든 것을 쏟아지게 한다는 뜻으로
'그릇을 엎어 놓다', '물컵을 엎다' 등으로 쓰여요.

 아주머니는 우는 아이를 **업어서** 달랬어요.
 씻은 그릇을 선반 위에 **엎어** 놓았어요.

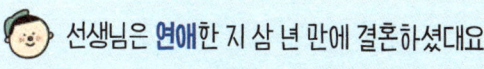

'연애'는 서로 좋아하여 사귀는 것을 뜻해요.
'연예'는 대중 앞에서 음악, 무용, 마술 등을
공연하는 것으로 '연예인', '연예 활동' 등으로 쓰여요.
둘의 발음이 비슷하여 잘못 쓰는 경우가 많으니 주의하세요.

> 선생님은 **연애**한 지 삼 년 만에 결혼하셨대요.
> 많은 청소년이 **연예인**이 되고 싶어 해요.

'-예요'는 '-이에요'의 준말이에요. 보통 받침이 있는 말 뒤에는
'-이에요'를 쓰고, 받침이 없는 말에는 '-예요'를 써요.

주의

'-에요', '-이예요'는 틀린 표현이니 주의하세요.

> 선물로 받은 연필과 지우개**예요**.
> 내 이름은 이하준**이에요**.

'-오'와 '-요'가 헷갈리는 문장에서는 둘을 빼 보세요.
'어서 오시오'처럼 '어서 오시'만으로 말이 안 되면
'-오'를 쓰면 되고, '아니요'처럼 '아니'만으로
말이 되면 '-요'를 붙여요.

 손님이 갈 때는 "안녕히 **가십시오.**"라고 인사해요.
 용돈을 다 써 버려서 돈이 **없어요.**

 vs

'왠'은 혼자 쓰일 수 없으며, '왠지'의 형태로 쓰여요.
'왠지'는 '왜인지'의 준말로 '왜 그런지 모르게'라는 뜻이에요.
그 외 '웬일, 웬 걱정, 웬만큼, 웬걸' 등은 모두 '웬'을 씁니다.

 책을 읽고 **왠지** 슬픈 마음이 들었다.
 할머니는 **웬** 걱정이 그리 많으실까?

윗 - vs 웃 -

'윗-'은 '윗집 / 아랫집'처럼 반대되는 말이 있을 때 쓰여요.
'웃-'은 '웃어른'은 있지만 '아랫어른'은 없듯이
반대되는 말이 없을 때 써요.

비슷한 표현

'웃옷'은 맨 겉에 입는 옷이고, '윗옷'은 위쪽에 입는 옷으로
'아래옷'과 반대되는 말이에요.

 나는 아랫입술이 **윗입술**보다 두꺼워요.

 겨울에는 **웃옷**을 따뜻하게 입어야 해요.

유래 vs 유례

'유래'는 사물이나 일이 생겨남을 뜻하며, '유래가 깊다',
'씨름의 유래'처럼 그 일이 어디에서 생겨났는지를
가리킬 때 쓰여요. '유례'는 같거나 비슷한 예를 뜻하며,
'유례없다', '유례를 찾기 힘들다'처럼 표현해요.

 국어 시간에 판소리의 **유래**를 조사했어요.

 이 영화는 **유례**없는 흥행을 기록했어요.

앞말의 'ㄴ' 받침이나 모음 뒤에서는 '율'로 적고,
그 외 받침이 있는 말 다음에는 '률'로 적어요.
예를 들어 '-율'은 '백분율, 비율, 실패율',
'-률'은 '경쟁률, 합격률, 출석률'로 씁니다.

 우리 반은 여학생과 남학생의 **비율**이 비슷해요.
 하늘이 흐린 걸 보니 비가 올 **확률**이 높은 것 같아.

'-이'는 겹쳐 쓰는 명사 뒤(틈틈이, 일일이), 'ㅅ' 받침 뒤(깨끗이, 반듯이, 따뜻이), 부사 뒤(곰곰이, 일찍이, 더욱이)에 써요.
'-히'는 앞말에 '-하다'를 붙일 수 있는 경우(꼼꼼히, 솔직히, 분명히)에 써요. 그 외 '가만히, 열심히'처럼 예외도 있어요.

 회의 주제에 대해서 **곰곰이** 생각해 보았다.
 솔직히 나도 내 마음을 모르겠어.

이따가 vs 있다가

'이따가'는 '조금 지난 뒤에'라는 뜻이고,
'있다가'는 사람이나 동물이 어느 곳에
머물고 있는 것을 뜻해요.

 아이스크림은 밥 먹고 난 뒤 **이따가** 먹어야지.
 비가 오니 여기에 좀 더 **있다가** 가자!

이루다 vs 이르다

'이루다'는 상태나 결과를 만든다는 뜻이에요.
'꿈을 이루다', '모둠을 이루다' 등으로 쓰여요.
'이르다'는 어떤 장소나 시간, 범위에 닿는다는 뜻으로
'목적지에 이르다', '완성 단계에 이르다' 등으로 표현해요.

비슷한 표현
'이르다'는 '늦다'의 반대말로 빠르다는 뜻도 있어요.

 그는 열심히 노력해서 오늘의 성공을 **이루었다**.
 일이 거의 마무리 단계에 **이르렀다**.

'이빨'은 '이'를 낮추어 이르는 말로, 흔히 동물한테 쓰는 말이에요. 사람한테는 '이'나 '치아'라고 합니다.

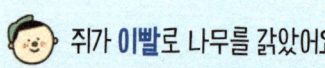
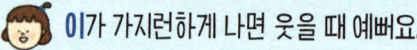

'익다'는 음식이 불에 익거나, 열매가 여무는 것을 뜻하며 '고기가 익다', '과일이 익다' 등으로 표현해요.
'읽다'는 글자를 소리 내어 말로 나타내는 것이며 둘의 발음이 [익따]로 같아요.

비슷한 표현

'익다'는 '김치가 익다'처럼 김치나 술, 장이 맛이 들었다는 뜻도 있어요.

 감나무의 감이 빨갛게 **익었다**.
 밤새 잠을 자지 않고 책을 **읽었다**.

일절 vs 일체

'일절'은 뒤에 행위를 금지하거나 부정적인 의미가 올 때 쓰고,
'일체'는 '모든 것'이라는 뜻으로 쓰여요.

> 비슷한 표현

'일체'는 '전부' 또는 '완전히'로 바꿔 쓸 수 있어요.

 서로의 일에 **일절** 간섭하지 마라.

 과학실에는 실험 기구 **일체**를 갖추고 있다.

잃다 vs 잊다

'잃다'는 가지고 있던 물건이 없어졌을 때 쓰는 말이고,
'잊다'는 알았던 것을 기억하지 못할 때 쓰는 말이에요.

자 갈 vs 재 갈

'자갈'은 강이나 바다의 바닥에서 오랫동안 갈리고
물에 씻겨 반질반질하게 된 잔돌을 말해요.
'재갈'은 소리를 내거나 말을 하지 못하도록
사람의 입에 물리는 물건이에요.

  냇가에서 예쁜 **자갈**을 주웠어요.
  범인은 납치한 사람의 입에 **재갈**을 물렸다.

작 다 vs 적 다

'작다'는 '크다'의 반대말이며,
'적다'는 '많다'의 반대말이에요.
발음이 비슷해서 혼동될 때는 반대말을 넣어서
말이 되는지 살펴보세요.

  나는 동생보다 키가 **작다**.
  올해는 비가 **적게** 와서 가뭄이 들었어요.

-장이 vs -쟁이

'-장이'는 특정한 기술을 가진 사람을 말할 때 쓰는 표현이며, '장인'의 뜻이 살아 있는 말이에요. 그 외는 '-쟁이'를 쓰면 됩니다.

 대장장이가 쇠를 달구어 농기구를 만들어요.

 거짓말쟁이 말은 아무도 믿지 않아요.

저리다 vs 절이다

'저리다'는 손발이 오래 눌려서 피가 통하지 않아 찌릿찌릿한 느낌이 나는 것을 말해요.
'절이다'는 채소나 생선 등에 소금, 설탕 등이 배어들게 하는 것을 말합니다.

> **비슷한 표현**
> '겉절이'는 배추와 상추 등을 절여서 곧바로 무쳐 먹는 반찬이에요.
> [겉쩌리]로 발음하고 '겉절이'로 씁니다.

 저린 다리를 절룩거리며 걸었다.

 김치를 담그려면 배추를 소금에 **절여야** 해요.

전통 vs 정통

'전통'은 어떤 집단이나 공동체에서 전해 내려오는
사상, 관습, 행동 등을 말하며,
'전통 놀이', '전통음악', '전통 혼례' 등으로 쓰여요.
'정통'은 '바른 계통, 조금의 틈도 없이 바로'를 뜻해요.

 우리나라 **전통**문화를 찾아 여행을 가기로 했어요.
 그가 쏜 화살은 표적을 **정통**으로 뚫고 지나갔다.

젓 vs 젖

'젓'은 새우, 조기, 멸치, 조개, 생선 알 등을
소금에 짜게 절여서 삭힌 음식이에요.
'젖'은 분만 후에 포유류의 가슴에서
나오는 유백색의 불투명한 액체를 말해요.

 젓갈에는 **새우젓, 명란젓, 갈치젓** 등 여러 종류가 있어요.
 엄마는 우는 아이에게 **젖**을 물렸어요.

젓 다 vs 젖 다

'젓다'는 액체나 가루가 고르게 섞이도록 손이나 기구로
내용물을 이리저리 돌리는 것을 말해요.
'젖다'는 물이 배어 축축하게 된다는 뜻이에요.

 설탕이 녹을 수 있게 숟가락으로 잘 **저어** 주세요.
 옷이 비에 **젖어** 몸이 추워졌어요.

조 리 다 vs 졸 이 다

'조리다'는 양념을 한 고기나 생선, 채소 등을 국물에 넣고
바짝 끓여서 양념이 배어들게 한다는 뜻이에요.
'졸이다'는 찌개, 국, 한약 등의 물이 줄어들게 끓이는 것이에요.
'마음을 졸이다'처럼 초조해하는 것도 '졸이다'가 맞아요.

주의

'조리다'는 양념이 배어들게 하는 것이고,
'졸이다'는 국물이 줄어들게 하는 것이라고 기억하세요.

 묵은 김치에 고등어를 **조리면** 맛있는 **고등어조림**이 돼요.
 국물이 한 국자만 남도록 더 **졸여야** 해요.

조종 vs 조정

'조종'은 비행기나 배, 자동차 등의 기계를 다루어 움직이는 것을 말해요. '조정'은 어떤 기준이나 실정에 맞게 정돈하는 것을 뜻하며, '요금 조정', '시간표 조정' 등으로 쓰여요.

 나는 커서 전투기 **조종사**가 되는 것이 꿈이에요.

 등교 시간이 아침 9시 20분으로 **조정**됐다.

좇다 vs 쫓다

'좇다'는 목표, 이상, 행복 등을 추구하다는 뜻이에요.
'쫓다'는 어떤 대상을 만나기 위해 뒤를 따라 급히 가는 것을 말해요.

비슷한 표현
'졸음을 쫓다'처럼 졸음이나 잡념을 없애는 것에도 '쫓다'를 써요.

 레인이는 꿈을 **좇아** 치열하게 살고 있다.

 쫓고 쫓기는 추격전이 나오는 영화를 봤어요.

주의 vs 주위

'주의'는 마음에 새겨 두고 조심하고, 어떤 한곳이나 일에 관심을 집중하여 기울인다는 뜻이 있어요.
'주의 사항', '주의가 산만하다', '주의를 기울이다'로 쓰여요.
'주위'는 어떤 곳의 바깥 둘레를 뜻해요.

주의
'주의를 기울이다'를 '주위를 기울이다'로 잘못 쓰는 경우가 많아요.

 선생님 말씀에 **주의**를 기울이세요.
 주위가 어두워진 걸 보니 벌써 해가 졌나 봐.

주최 vs 주체

'주최'는 행사나 모임을 주장하고 기획하여 여는 것을 뜻하며, '주체'는 어떤 단체나 물건의 주가 되는 부분을 말해요.

 인터넷 서점에서 독서 운동을 위해 독후감 대회를 **주최**했다.
 국가의 **주체**는 국민이다.

지양 vs 지향

'지양'은 더 높은 단계로 오르기 위하여 어떠한 것을 하지 않는 것으로, '갈등 지양', '비판 지양' 등으로 써요.
'지향'은 어떤 목표를 향해 나아가는 것과 그 방향과 의지를 뜻해요. '미래 지향', '서구 지향' 등으로 씁니다.

주의
'지양'은 하지 않는 것, '지향'은 목표를 향해 나아가는 것으로 기억하세요. 정반대의 뜻을 가지고 있어서 주의해서 써야 해요.

 남의 잘못만 탓하는 자세는 **지양**해야 해요.
 이기주의를 **지양**하고 함께하는 것을 **지향**한다.

집다 vs 짚다

'집다'는 손가락이나 발가락으로 물건을 잡아서 드는 것을 말하며, '집어 / 집으니 / 집는'으로 쓰여요.
'짚다'는 바닥이나 벽, 지팡이 등에 몸을 의지하다는 뜻이며, '짚어 / 짚으니 / 짚는'으로 씁니다.

 젓가락으로 반찬을 **집어** 먹어요.
 다리를 다쳐서 목발을 **짚고** 걸어 다녀요.

짓다 vs 짖다

'짓다'는 재료로 만들거나, 시와 소설, 노래 등을 쓴다는 뜻이 있어요. '밥을 짓다', '약을 짓다', '노래를 짓다'로 표현해요.
'짖다'는 동물이 소리를 내는 것을 말해요.

> **비슷한 표현**
> '짓다'는 '미소를 짓다', '죄를 짓다', '매듭을 짓다'처럼 여러 표현이 있어요.

 아저씨는 집을 **짓고** 고치는 일을 해요.
 골목에서 개 **짖는** 소리가 들려요.

째 vs 채

'째'는 '뿌리째', '통째'처럼 전부를 뜻해요.
'채'는 '산 채로', '옷을 입은 채로'처럼
'이미 있는 상태 그대로'라는 뜻이에요.

> **비슷한 표현**
> '채'는 '채 익기도 전에'처럼 '제대로, 미처'라는 뜻도 있습니다.

 멸치는 **뼈째** 먹는 생선이에요.
 옷을 **입은 채**로 물속에 뛰어들었어요.

찢다 vs 찧다

'찢다'는 물체를 잡아당기어 가른다는 뜻이에요.
'찧다'는 곡식을 잘게 만들려고 절구에 담고 공이로
내리친다는 뜻이며, '쌀을 찧다', '마늘을 찧다'처럼 써요.

 종이를 **찢어** 휴지통에 버렸어요.
 팥고물은 통팥을 삶아 절구에 **찧어서** 만들어요.

참아 vs 차마

'참아'는 '참다'가 기본형으로, 충동이나 감정을 억누르고
견디는 것을 말해요. '참다 / 참아 / 참으니'로 써요.
'차마'는 '부끄럽거나 안타까워서 감히'라는 뜻으로
'차마 −할 수 없다', '차마 −못 한다' 등으로 표현해요.

처지다 vs 쳐지다

'처지다'는 위에서 아래로 축 늘어진다는 뜻으로
'쳐진 어깨'가 아니라 '처진 어깨'가 맞는 표현이에요.
'쳐지다'는 '치다'가 기본형이며, 그물, 발 등을 펴서 벌이거나
늘어뜨린다는 뜻이에요. '천막이 쳐져 있다'로 표현해요.

 졸음이 왔는지 눈꺼풀이 아래로 **처져** 있다.

 천장에 거미줄이 **쳐져** 있어요.

출연 vs 출현

'출연'은 연기, 공연, 연설 등을 하기 위해 무대에
나가는 것이에요. '출현'은 나타난다는 뜻으로
'상어 출현', '멧돼지 출현' 등으로 쓰여요.

 연극에 **출연**한 배우들이 모두 무대로 나와 인사를 했다.

 동해 바다에 해파리가 **출현**했어요.

켜다 vs 키다

'켜다'는 불을 밝히다, 전기 제품을 작동시키다, 몸을 펴다 등의 뜻이 있어요. '키다'는 '켜이다'의 준말로, 갈증이 나서 물을 자꾸 마시게 된다는 뜻이에요.

 방 안이 어두워서 전등을 **켜고** 책을 봤어요.
 더워서 그런지 하루 종일 물이 **킨다**.

텃세 vs 텃새

'텃세'는 먼저 자리를 잡은 사람이 뒤에 들어오는 사람에 대해 가지는 특권 의식, 또는 뒷사람을 업신여기는 행동을 말해요. '텃세가 심하다', '텃세를 부리다' 등으로 표현해요. '텃새'는 한곳에 머물러 사는 새를 뜻하는 말이에요.

'텃세가 세다'를 '텃새가 세다'로 잘못 쓰지 않도록 주의하세요.

 전학 온 친구가 **텃세** 부리는 아이들 때문에 힘들어했다.
 참새는 일 년 내내 한 지역에 사는 대표적인 **텃새**예요.

'펴다'는 접힌 것을 젖혀 벌리거나, 구김이나 주름을 없애는 것을 말해요. '피다'는 꽃 등이 스스로 벌어지거나, 형편이 나아지는 것을 뜻해요.

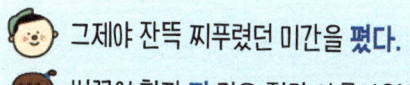

그제야 잔뜩 찌푸렸던 미간을 **폈다**.

벚꽃이 활짝 **핀** 길은 정말 아름다웠어요.

'하므로'는 이유나 원인이 되는 것에 쓰고, '함으로'는 수단, 도구, 재료가 되는 것에 써요. '함으로써'처럼 '함으로'에만 '-써'를 붙일 수 있어요.

주의

'하기 때문에'로 바꿀 수 있으면 '하므로'를 쓰고
'하는 것으로'로 바꿀 수 있으면 '함으로'를 쓴다고 외워 두세요.

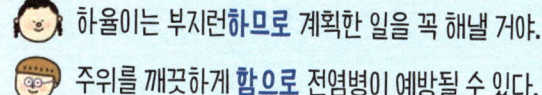

하율이는 부지런**하므로** 계획한 일을 꼭 해낼 거야.

주위를 깨끗하게 **함으로** 전염병이 예방될 수 있다.

'한참'은 시간이 상당히 지나는 동안이라는 뜻이고,
'한창'은 어떤 일이 가장 활기 있고 왕성하게 일어나는
때나 모양을 뜻해요.

 벽에 걸린 명화를 **한참** 바라보았다.
 한창 자랄 때이니 많이 먹어야 한대요.

해치다 vs 헤치다

'해치다'는 어떤 상태에 손상을 입혀 망가지게 하거나,
사람의 마음이나 몸에 해를 입히는 거예요.
'헤치다'는 속에 든 물건을 드러나게 하려고 젖히거나,
앞에 걸리는 것을 좌우로 물리치는 것을 말해요.

 나무를 마구 자르는 것은 숲을 **해치는** 일이다.
 상자 속을 마구 **헤쳐서** 잃어버린 물건을 찾았어요.

햇빛 vs 햇볕

'햇빛'은 눈으로 볼 수 있는 해의 빛이며, '햇볕'은 해가 내리쬐는 따뜻한 기운을 뜻해요. '햇빛이 비치다', '햇빛을 가리다', '따뜻한 햇볕', '햇볕에 그을리다'처럼 표현해요.

 햇빛에 바다 물결이 반짝여요.

 햇볕이 잘 드는 곳에 빨래를 말려야 해.

혼동 vs 혼돈

'혼동'과 '혼돈'은 둘 다 뒤섞여 있다는 뜻을 가지고 있어요. 구별하는 방법은 '혼동'은 뒤섞어 생각하는 것을 뜻하고, '혼돈'은 뒤섞인 상태를 가리킬 때 써요.

3장

'할걸(○) 할 걸(×)', '첫 번째(○) 첫번째(×)'처럼 자주 틀리는 띄어쓰기를 소개했습니다. 띄어쓰기는 예문으로 익히는 것이 효과적이에요.

꼭 알아야 할 띄어쓰기

| 한 | | 시 | 간 | 가 | 랑 | ⭕ |
| 한 | | 시 | 간 | | 가 | 랑 | ❌ |

'가량'은 '정도'를 뜻하며 앞말과 붙여 써요.
'두 시간가량', '삼만 원가량', '다섯 살가량',
'이십 명가량'처럼 표현해요.

 벌써 집에서부터 **한 시간가량** 걸었어요.
 물건을 **이만 원가량** 산 것 같아.

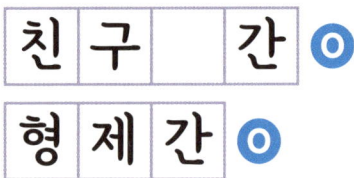

'간'은 두 대상의 사이나 관계를 뜻하며 앞말과 띄어 써요.
단, '남매간', '형제간', '부부간', '부자간'처럼
한 낱말로 굳어진 경우는 붙여 써야 해요.

 친구 간에는 믿음이 중요해요.
 형제간에 작은 잘못은 서로 덮어줄 수 있어야 해.

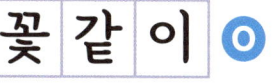 꽃같이 ⭕
친구와 같이 ⭕

'같이'는 '처럼'으로 바꾸어 쓸 수 있을 때는 붙여 써요.
'눈같이 하얀 얼굴'은 '눈처럼 하얀 얼굴'로 바꿔 쓸 수 있어요.
단, '친구와 같이'처럼 '함께'라는 뜻으로 쓸 때는 띄어 써요.

> 신부는 **꽃같이** 예뻤어요.
> **친구와 같이** 놀이터에서 놀았어요.

 한 개 ⭕
한개 ❌

'개'는 하나하나의 물건을 세는 단위로 앞말과 띄어 써요.
'한 개', '두 개', '스무 개', '몇 개' 등으로 씁니다.

> 토마토 **한 개**를 단숨에 먹었어요.
> 주머니에서 동전 **몇 개**가 달랑거렸다.

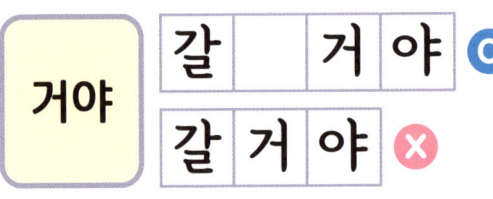

'거'는 '것'을 구어적으로 일컫는 말로 앞말과 띄어 써요.
'늦은 거야?', '쉬울 거야', '숙제할 거야'처럼 씁니다.

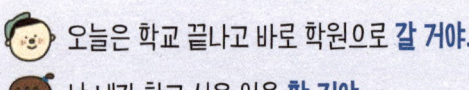

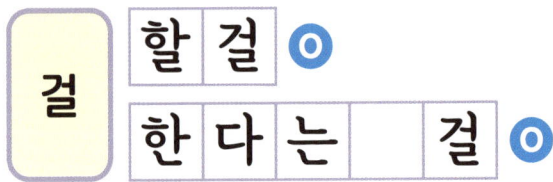

'걸'은 '올걸', '그렇게 할걸', '클걸'처럼
추측이나 아쉬움을 나타낼 때 붙여 써요.
'것을'이라는 뜻을 나타낼 때는 띄어 씁니다.
'하는 걸 보았다', '한다는 걸 몰랐어'처럼 쓰여요.

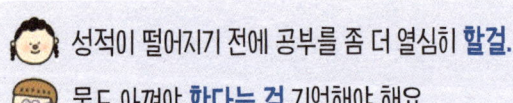

것	내 것이다 ⭕
	내것이다 ❌

'것'은 항상 앞말과 띄어 써야 해요.
'내 것이다', '할 것이다'처럼 소유나 추측을 나타내기도 하고,
'-할 것'처럼 명령이나 시킴의 뜻으로 문장 끝에 쓰기도 해요.

 책상 위에 놓아 둔 음료수는 **내 것**이야.
 배운 것을 완전한 **내 것**으로 만들려면 복습을 해야 해.

겠다	해야겠다 ⭕
	해야 겠다 ❌

'-겠다'는 앞에 오는 말에 붙여 씁니다.
'써야겠다', '만들어야겠다', '그려야겠다'처럼 적으면 돼요.

 앞으로 연습을 좀 더 **해야겠다**.
 운동하면서 땀을 흘렸더니 **씻어야겠어**.

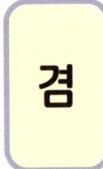 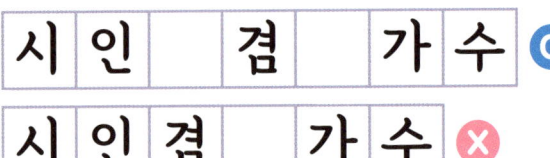

'겸'은 둘 이상의 명사 사이에서 두 의미를
아울러 지니고 있음을 나타내는 말로 띄어 써야 해요.
'가수 겸 작곡가', '아침 겸 점심' 등으로 써요.

 그는 시를 쓰고 노래도 하는 **시인 겸 가수**예요.
 이곳은 **강당 겸 체육관**으로 사용하고 있어요.

 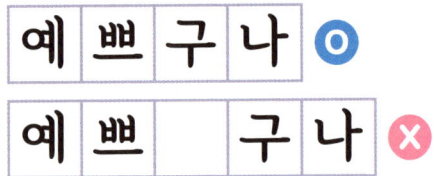

'-구나'는 감탄의 뜻이 있는 혼잣말에 쓰이며,
새롭게 알게 된 사실에 주목함을 나타내기도 해요.
'멋지구나', '그랬구나', '초등학생이구나'처럼 표현해요.

 넌 웃을 때 보조개가 참 **예쁘구나!**
 직접 해 보니 생각보다 **쉽구나!**

그동안

| 그 | 동 | 안 | ○ |
| 그 | | 동 | 안 | ✗ |

'그동안'은 이전의 일정한 기간을 뜻하며 붙여 써요.
'그동안 잘 지냈니?', '그동안 많이 컸구나'처럼 씁니다.

 그동안 쌓인 불만을 터뜨렸어요.
 그동안 배운 것을 기억하고 있을까?

그중

| 그 | 중 | 에 | 서 | ○ |
| 그 | | 중 | 에 | 서 | ✗ |

'그중'은 '범위가 정해진 여럿 가운데'라는 뜻이에요.
'그+중'이 합해진 말로 자주 쓰여 하나의 낱말로
붙여 쓰게 되었어요. '그중 하나', '그중에 아는 사람',
'그중 한 권', '그중 낫다' 등으로 표현해요.

 그중에서 마음에 드는 게 있어?
 수많은 사람이 몰렸는데, **그중에** 아는 얼굴도 있었어.

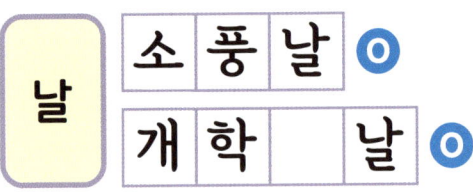

'소풍날', '단옷날', '잔칫날', '한글날'처럼
사전에 하나의 낱말로 등재된 말은 붙여 쓰고,
'개학 날', '운동회 날', '마지막 날'처럼
사전에 오르지 않은 말은 띄어 써요.

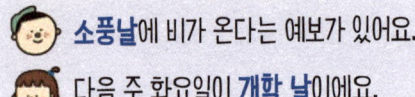

'내'는 일정한 범위 안을 가리키며 앞말과 띄어 써요.
'시간 내', '교실 내', '일주일 내', '공원 내'처럼 씁니다.

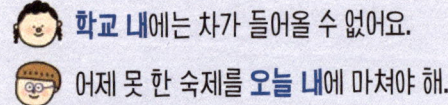

대	일 대 일 ⭕
	일대일 ⭕

'일 대 일'의 '대'는 경기의 점수나 사물의 대립을 나타낼 때 띄어 쓰며, '일 대 삼으로 졌다', '청군 대 백군'으로 표현해요. '일대일'은 '양쪽이 같은 비율'이라는 뜻의 한 낱말로 붙여 써요.

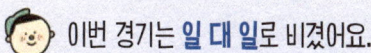
이번 경기는 **일 대 일**로 비겼어요.

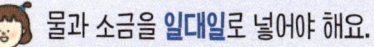
물과 소금을 **일대일**로 넣어야 해요.

대로	너 대로 ⭕
	있는 대로 ⭕

'법대로', '나대로', '사실대로'처럼 토씨로 쓰인 '대로'는 붙여 씁니다. 단, '아는 대로', '본 대로', '들은 대로'처럼 흔히 앞말이 '-ㄴ'으로 끝나면 띄어 써야 해요.

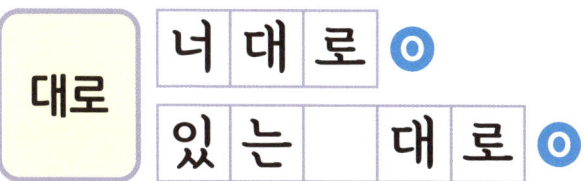
너는 **너대로**, 나는 **나대로** 한번 시험해 보자.

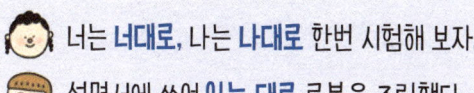
설명서에 쓰여 **있는 대로** 로봇을 조립했다.

'더욱더'는 '더욱'을 강조하여 이르는 말로 붙여 써요.
'더욱더 빛난다', '더욱더 사랑하다' 등으로 씁니다.

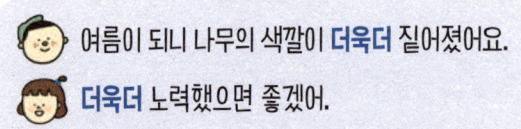

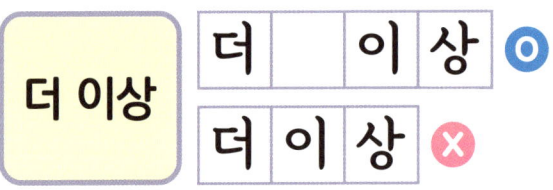

'더 이상'은 '더+이상'이 더해진 말이며 띄어 써야 해요.
'더 이상' 대신 '더, 더는, 이제는'으로 바꿔 써야 좋은 글이
돼요. '더 이상 못 하겠다', '더 이상 할 말이 없다'는
'더는 못 하겠다', '이제는 할 말이 없다'로 바꿔 쓰세요.

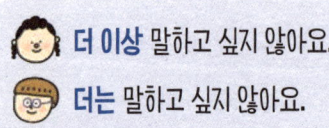

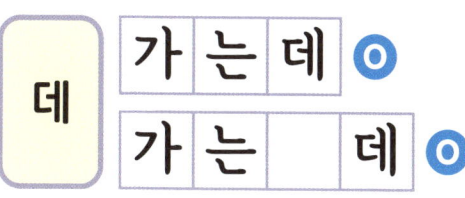

'데'는 '길을 가는데', '읽을 건데'처럼 앞말과 함께 쓰일 때는 붙여 써요. '다른 데로 갈까?', '가는 데 걸리는 시간'처럼 ==='데'가 '장소, 일, 것'의 뜻으로 쓰일 때는 앞말과 띄어 써요.===

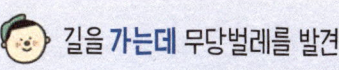

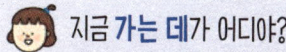

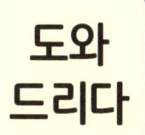 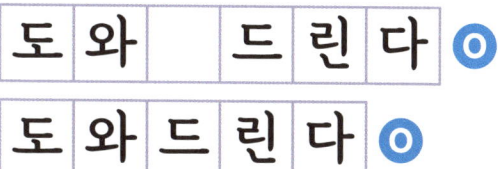

'도와 드리다', '깨뜨려 버리다', '써 보다', '해 주다' 등은 띄어 쓰는 것이 원칙이지만, ==붙여 쓰는 것도 가능해요.==

 집안일을 하고 계신 엄마를 **도와 드렸어요.**

 혼자 사시는 할머니를 **도와드리기로** 했다.

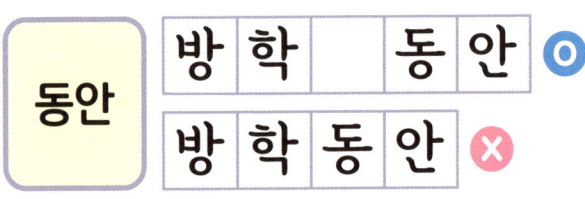

'동안'은 어느 한때에서 다른 한때까지의 기간을 나타내며 앞말과 띄어 씁니다. '일 년 동안', '며칠 동안', '방학 동안', '한 시간 동안' 등으로 써요.

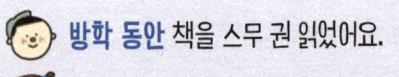

방학 동안 책을 스무 권 읽었어요.

한 달 동안 시골에 있는 할머니 댁에 다녀왔어요.

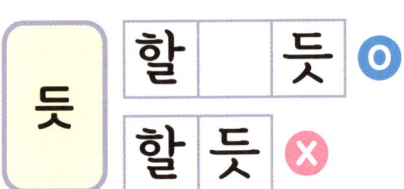

'듯'은 '듯이'가 줄어든 말로 띄어 써요.
'좋을 듯', '손에 잡힐 듯', '비가 올 듯'처럼 씁니다.

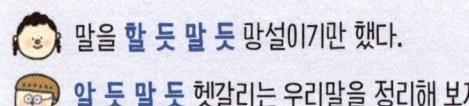

말을 할 듯 말 듯 망설이기만 했다.

알 듯 말 듯 헷갈리는 우리말을 정리해 보자.

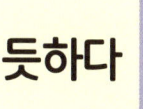 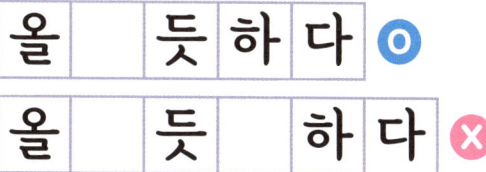

'듯하다'는 짐작하거나 추측함을 나타내는 말이에요.
하나의 낱말로 붙여 쓰고 앞말과는 띄어 써야 해요.
'어려운 듯하다', '올 듯하다', '아닌 듯하다' 등으로 씁니다.

 금방이라도 비가 **올 듯하다**.
 밀물에 모래성이 곧 **허물어질 듯하다**.

 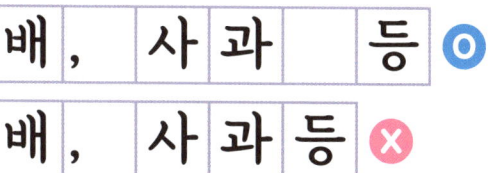

'등'은 그 밖에도 같은 종류의 것이 더 있음을
나타내는 말로 띄어 씁니다. '서울, 경기, 부산 등',
'연필, 지우개 등'처럼 표현해요.

 시장에는 **배, 사과 등** 맛있는 과일이 많아요.
 미술 시간에 **색종이, 물감, 색연필 등**으로 꾸몄어요.

'때'는 시간의 어떤 순간이나 일정한 일이
일어나는 시간을 말하며 앞말과 띄어 써요.
'공부할 때', '있을 때', '장마 때' 등으로 씁니다.

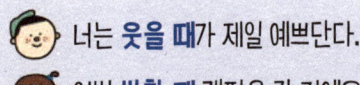

너는 **웃을 때**가 제일 예쁜단다.
이번 **방학 때** 캠핑을 갈 거예요.

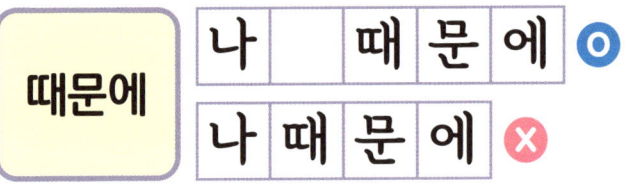

'때문에'는 어떤 일의 원인이나 까닭을 나타내며
앞말과 띄어 써야 해요.

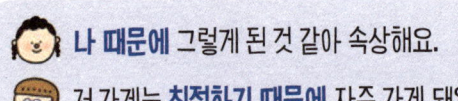

나 때문에 그렇게 된 것 같아 속상해요.
저 가게는 **친절하기 때문에** 자주 가게 돼요.

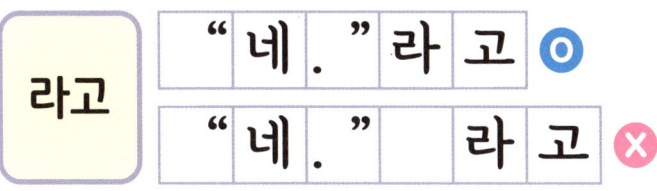

'-라고'는 큰따옴표로 묶는 직접 인용문 뒤에 붙여 쓰며, '-고'는 간접 인용문 뒤에서 붙여 써요.
예를 들면 다음과 같아요.
"내일 오겠다."라고 말했다. / 내일 오겠다고 말했다.

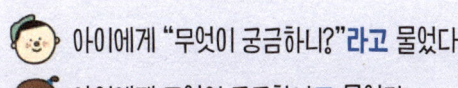

- 아이에게 "무엇이 궁금하니?"라고 물었다.
- 아이에게 무엇이 궁금하냐고 물었다.

'마다'는 '낱낱이 모두'라는 뜻으로 앞말에 붙여서 써요.
'아침마다', '사람마다'처럼 씁니다.

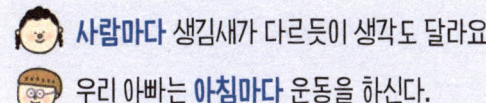

- 사람마다 생김새가 다르듯이 생각도 달라요.
- 우리 아빠는 아침마다 운동을 하신다.

'마저'는 하나 남은 마지막임을 나타낼 때 앞말과 붙여 쓰고, '남김없이 모두'를 뜻하면 띄어 써요. '너마저', '친구마저', '마저 끝내다', '마저 마시다' 등으로 적어요.

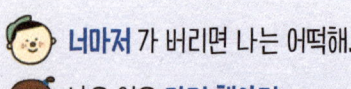

너마저 가 버리면 나는 어떡해.

남은 일은 마저 해야지.

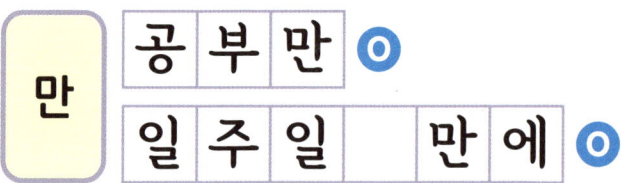

'나만 시킨다', '공부만 한다', '노래만 부른다'처럼 '만'이 한정, 강조를 나타내면 붙여 쓰고, '일주일 만에'처럼 시간, 횟수를 나타내는 말 뒤에서는 띄어 써요.

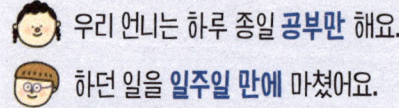

우리 언니는 하루 종일 공부만 해요.

하던 일을 일주일 만에 마쳤어요.

 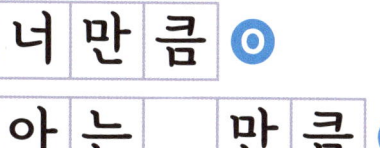

'하늘만큼', '그것만큼'처럼 '만큼'은 명사 뒤에서 붙여 써요.
단, '하는 만큼', '들릴 만큼', '주는 만큼'처럼
<mark>앞말을 꾸미는 말로 쓰이면 띄어 써야 해요.</mark>

 너만큼 착한 사람은 보지 못했어.
 무엇이든 **아는 만큼** 보인다.

 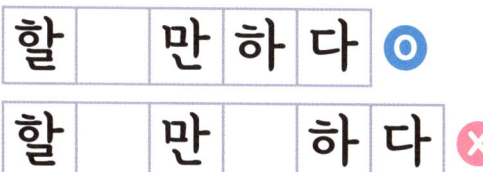

'만하다'는 앞말이 뜻하는 행동을 하는 것이 가능함을
나타내는 말이에요. 하나의 낱말로 붙여 쓰고 앞말과는
띄어 써요. '참을 만하다', '먹을 만하다' 등으로 표현해요.

 자전거를 못 탔는데, 한번 해 보니 **할 만해요**.
 집 앞의 산책 길은 가볍게 **걸을 만해요**.

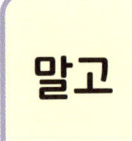 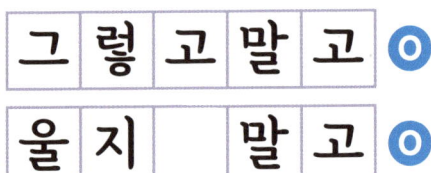

'말고'는 '먹고말고', '좋고말고'처럼 뜻을 강조할 때는 붙여 쓰고, '이것 말고', '가지 말고'처럼 '아니고'의 뜻일 때는 띄어 써요.

 그렇고말고. 네 부탁인데 당연히 들어줘야지.
 울지 말고 똑바로 이야기해 봐.

'말없이'는 '아무런 말도 아니 하고'의 뜻으로, 하나의 낱말로 국어사전에 올라온 표현이므로 붙여 씁니다. '말 없다', '할 말 없다', '아무 말 없이' 등은 띄어 써요.

 나는 **말없이** 앉아만 있었다.
 그는 **아무 말 없이** 나가 버렸다.

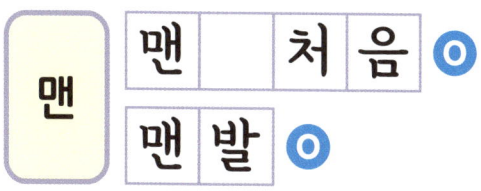

'맨'은 '가장 처음, 제일'이라는 뜻으로 앞말과 띄어 써요. '맨 먼저', '맨 끝'처럼 씁니다. ==’아무것도 없이 비어 있는’을 뜻하면 '맨손', '맨발', '맨몸'처럼 붙여 써요.==

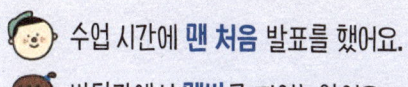

- 수업 시간에 **맨 처음** 발표를 했어요.
- 바닷가에서 **맨발**로 뛰어놀았어요.

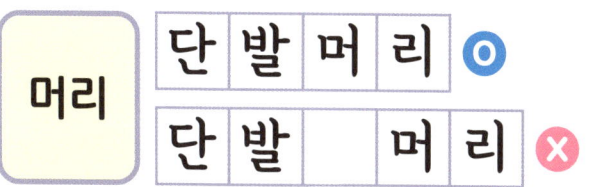

'머리'가 머리 모양을 뜻하면 '단발머리', '갈래머리', '파마머리'처럼 붙여 씁니다. 그 밖에 '흰머리', '우두머리', '끄트머리' 등도 하나의 낱말로 붙여 써요.

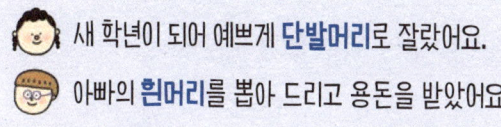

- 새 학년이 되어 예쁘게 **단발머리**로 잘랐어요.
- 아빠의 **흰머리**를 뽑아 드리고 용돈을 받았어요.

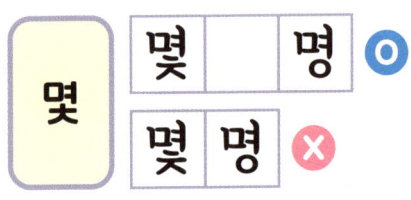

'몇'은 수를 물을 때 쓰는 말로 뒷말과 띄어 써요.
'몇 명', '몇 개', '몇 살' 등으로 적어요.

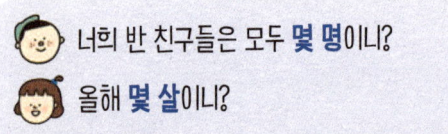

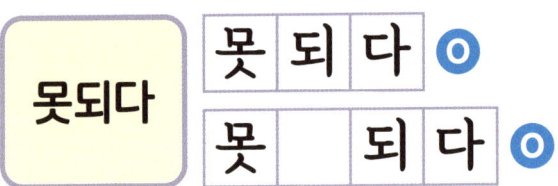

'못되다'는 성질이나 품행이 좋지 않다,
일이 뜻대로 되지 않는다는 뜻이면 붙여 씁니다.
'못 되다'는 모자라거나 부족하다는 뜻일 때 띄어 써요.

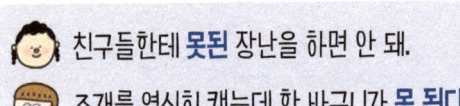

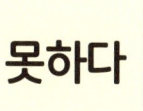 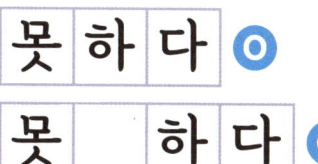

'못하다'는 그 일을 할 능력이 없다는 뜻으로, '잘하다'의 반대 개념일 때는 붙여 써요. 또한 '-지 못하다'의 표현도 붙여 씁니다. <mark>그 일을 실행하지 못했을 때 '못 하다'로 띄어 써요.</mark>

 그는 음치라서 노래를 **못했다**.

 오늘 시간이 없어서 숙제를 **못 했어**.

'밖에'가 '그것 말고는', '그것 이외에는'의 뜻을 가지고 있으면 붙여 써요. '너밖에', '공부밖에'처럼 씁니다. <mark>'집 밖에', '밖에 나가서'처럼 '바깥'을 뜻할 때는 띄어 써요.</mark>

 피아노를 칠 수 있는 사람은 **나밖에** 없다.

 대문 **밖에서** 누군가 부르는 소리가 났어요.

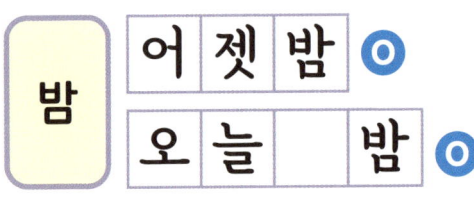

'어젯밤'은 하나의 낱말로 인정되어 붙여 쓰지만, '오늘 밤'은 '오늘'과 '밤'이 각각의 낱말로 띄어 써요.

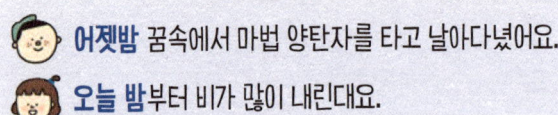

'번째'는 차례나 횟수를 나타내는 말로 앞말과 띄어 씁니다. '첫 번째', '두 번째', '여섯 번째', '열두 번째'처럼 적으면 돼요.

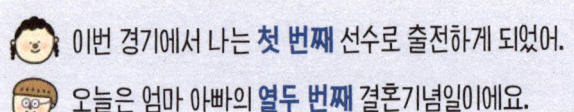

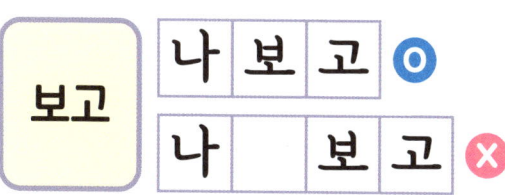

'보고'는 어떤 행동이 미치는 대상을 나타내는 토씨이며, 앞말에 붙여 써야 해요. '너보고 그랬어?', '누구보고 하는 말이지?'처럼 구어체에 많이 써요.

친구가 **나보고** 가지라고 줬어.

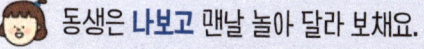
동생은 **나보고** 맨날 놀아 달라 보채요.

'보다'는 서로 차이가 있는 것을 비교하는 경우, '-에 비해서'의 뜻을 나타낼 때 붙여 씁니다. '나보다', '누구보다'처럼 쓰면 돼요.

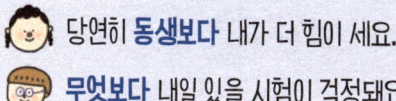
당연히 **동생보다** 내가 더 힘이 세요.

무엇보다 내일 있을 시험이 걱정돼요.

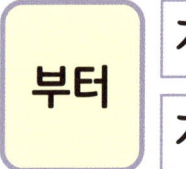 

'부터'는 '처럼', '까지'와 같이 앞에 있는 말을 돕는 토씨로 앞말에 붙여 씁니다.

> **지금부터** 내가 하는 말을 잘 들어줘.
> 그는 **어려서부터** 축구를 잘했다.

 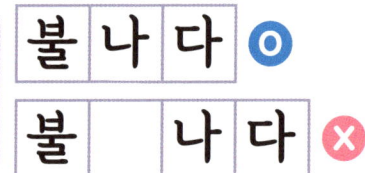

'불나다'는 불이 쉽게 끄기 어려운 상태로 일어났다는 뜻이며 하나의 낱말로 붙여 써요. '창고에 불났다', '불난 집' 등으로 표현해요.

> 경기도의 큰 창고에서 **불났다**는 뉴스를 보았다.
> **불난** 집에 부채질한다는 속담이 있어요.

'뻔하다'는 앞말의 상황이 실제 일어나지는 않았지만 그럴 가능성이 매우 높았음을 나타내는 말이에요. '떨어질 뻔하다', '넘어질 뻔하다' 등으로 띄어 써요.

 하마터면 웅덩이에 발이 **빠질 뻔했어**.

 소식을 듣고 눈물이 **날 뻔했다**.

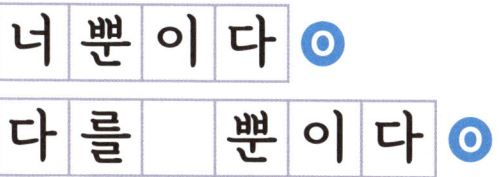

'너뿐이다', '한 개뿐이다'처럼 '뿐'은 붙여 씁니다.
단, '웃을 뿐', '공부할 뿐'처럼 '뿐'이 '다만 그렇게 하다'라는 뜻을 나타내고 꾸미는 앞말이 오면 '-ㄹ 뿐'으로 띄어 써요.

 이제 남아 있는 사람은 **너뿐이야**.

 내 친구는 나와 조금 **다를 뿐이다**.

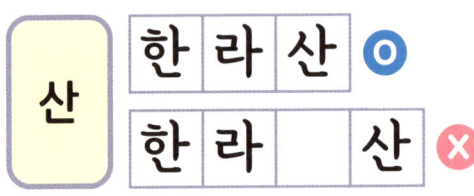

'산'을 비롯해 '강', '호', '산맥', '평야' 등은 고유어 뒤에 오는 말로 붙여 써야 해요. '한라산', '백두산', '섬진강', '경포호', '태백산맥', '김제평야' 등으로 씁니다.

 한라산은 우리나라에서 가장 높은 산이에요.

 태백산맥은 우리나라에서 가장 긴 산맥이에요.

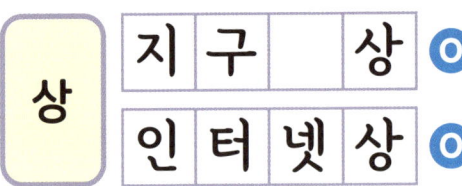

'상'은 구체적인 공간에서 위치를 나타낼 때는 띄어 쓰고, <mark>추상적인 공간에서 위치를 나타낼 때는 붙여 씁니다.</mark> '지구 상', '도로 상', '인터넷상', '통신상' 등으로 적습니다.

 지구 상에는 77억 명의 사람이 살고 있어요.

 확실하지 않은 이야기가 **인터넷상**에 떠돌고 있다.

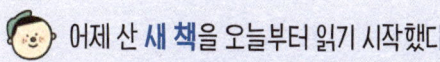

'새'는 '처음 마련하거나 다시 생겨난'이란 뜻이며,
뒤에 오는 말을 꾸며 주는 말로 띄어 써요.
'헌 책', '헌 옷'도 뒷말과 띄어 씁니다.

> 어제 산 **새 책**을 오늘부터 읽기 시작했다.
> 우리 동네에 **헌 책방**이 생겼어요.

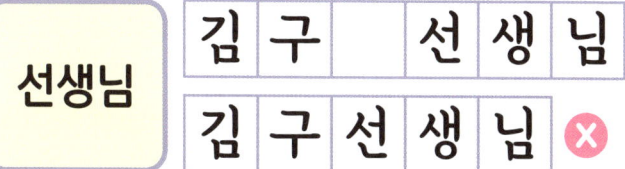

'선생님'을 비롯해 '박사', '사장', '과장', '교장' 등
이름이나 성 뒤에 붙는 호칭과 관직명은 띄어 써요.

> **김구 선생님**은 우리나라 독립운동가이다.
> **강 박사님**은 심장 수술의 일인자로 알려져 있다.

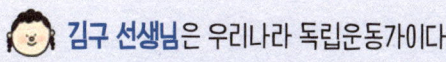

 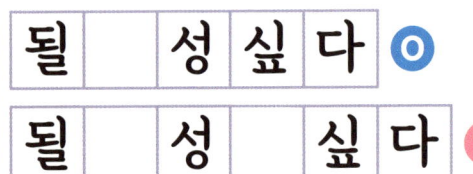

'성싶다'는 앞말이 뜻하는 상태를 어느 정도 느끼고 있거나 짐작함을 나타내는 말이에요. '성싶다'는 하나의 낱말로 붙여 쓰고 앞말과는 띄어 써요.

 될 성싶은 쪽으로 노력해 보려고 해.
 그렇게 하는 것이 좋을 성싶어.

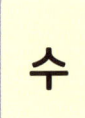 

'수'는 항상 앞말과 띄어 써야 해요.
'할 수 있다', '그럴 수도 있지' 등으로 적습니다.

 마음을 열면 눈을 감아도 볼 수 있다.
 이제는 혼자서도 할 수 있어요.

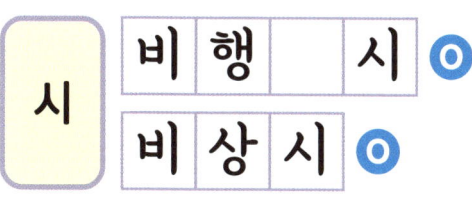

'시'는 어떤 일이 일어날 때를 뜻하면 띄어 씁니다.
'운전 시', '어겼을 시', '야외 활동 시' 등으로 써요.
'비상시', '필요시'처럼 하나의 낱말로 등재된 경우는 붙여 써요.

 비행 시에는 휴대전화를 사용하면 안 돼요.

 강당은 **비상시**에 대피소로 쓰이고 있어요.

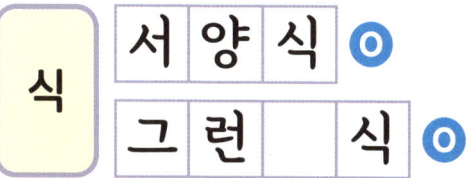

'식'은 사물 이름 뒤에서 '방식'을 뜻하면 붙여 쓰고,
구절 다음에 오거나 앞말을 꾸며 줄 때는 띄어 씁니다.
'계단식', '고정식', '울며 겨자 먹기 식', '이런 식'처럼 써요.

 전통 한옥보다 **서양식** 건물이 많아졌어요.

 계속 **그런 식**으로 하려거든 그만둬!

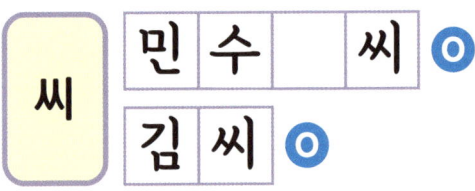

이름 뒤에 붙는 '씨', '양', '군', '님'은 띄어 씁니다.
'김씨', '이씨', '박씨'처럼 성을 그대로 가리키면 붙여 쓰고, '안중근'처럼 사람 이름도 붙여 써요.

 "김민수 씨, 들어오세요."라는 방송이 들렸어요.
 저는 성이 김씨예요.

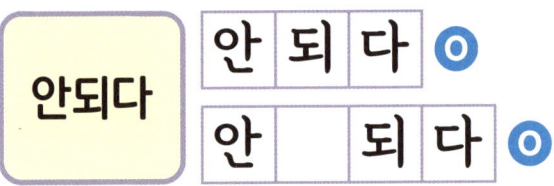

'안되다'는 '안색이 안됐다'처럼 안쓰러워 보인다는 뜻일 때는 붙여 쓰고, 그 외는 모두 띄어 써요.
'공부가 안 되다', '일이 안 되다' 등으로 표현해요.

 고생하는 걸 보니 마음이 안됐다.
 노력하면 안 되는 일이 없다고 했다.

| 어린아이 | 어린아이 ⭕ |
| | 어린 아이 ❌ |

'어린아이'는 나이가 적은 아이를 뜻하며,
사전에 하나의 낱말로 올라 있어 붙여 써요.
그 밖에 '남자아이', '여자아이'도 붙여 씁니다.

 어린아이가 날 보며 쌩끗 웃었어요.
 우리 반은 **남자아이**가 더 많아요.

| -어하다 | 맛있어하다 ⭕ |
| | 싫어 하다 ⭕ |

'-어하다'는 '예뻐하다', '슬퍼하다', '싫어하다', '즐거워하다'처럼
붙여 써요. 단, '먹고 싶어 하다', '마음에 들어 하다'처럼
==구절 뒤에서는 띄어 씁니다.==

 맛있어하는 모습을 보니 입에 군침이 돈다.
 할머니는 오늘 유난히 팥죽을 **먹고 싶어 하셨어요**.

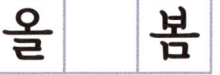

'올봄'은 '올해 봄'이라는 뜻으로 사전에 오른
하나의 낱말이라서 붙여 써요.
그 밖에 '올여름', '올가을', '올겨울'도 붙여 씁니다.

 올봄에도 공원에는 색색깔 꽃이 피었어요.
 오늘은 **올여름** 들어 가장 더운 날이다.

'왜냐하면'은 '왜 그러냐 하면'이 줄어든 말이에요.
하나의 낱말로 굳어진 말로 붙여 써요.

 딸기가 좋다. **왜냐하면** 새콤달콤 맛있기 때문이다.
 민호와 제일 친해요. **왜냐하면** 우리는 생각이 비슷하거든요.

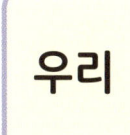 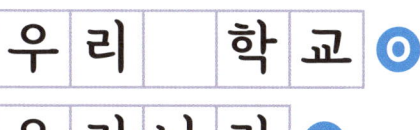

'우리'는 '우리 가족', '우리 학교', '우리 선생님'처럼 뒷말과 띄어 씁니다. 단, '우리나라', '우리말'처럼 하나의 낱말인 경우는 붙여 써요.

 우리 학교 운동장은 아주 넓어요.
 무궁화는 **우리나라**의 국화예요.

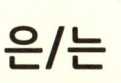 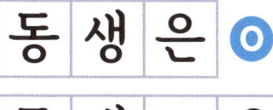

'은/는'을 비롯해 '이/가', '을/를', '와/과'와 같은 토씨는 앞말에 붙여 써요.
'친구는', '동생이', '엄마들'처럼 씁니다.

 동생은 나보다 세 살 밑이에요.
 은재는 커서 개그우먼이 되는 게 꿈이래요.

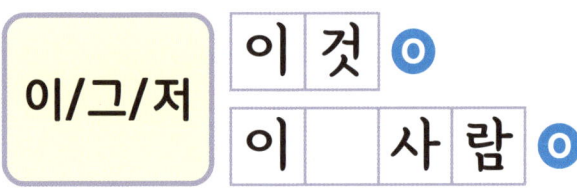

'이것', '그것', '저것'처럼 사물을 가리키는 말은 하나의 낱말이기 때문에 붙여 써요. 단, '이 아이', '저 산', '그 집'처럼 뒷말을 꾸며 주는 말은 띄어 씁니다.

 이것은 내 것이고, **저것**이 네 것이야.
 이 사람이 제가 찾던 바로 그 친구예요.

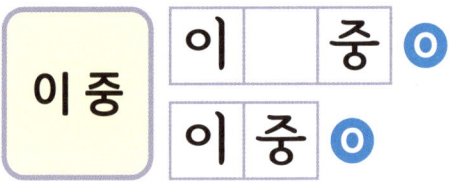

'이 중'은 보통 '이 중에서'처럼 쓰이며 앞말과 띄어 써요. '이중'은 두 겹, 두 번 거듭됨을 뜻하는 하나의 낱말로 붙여 쓰고 '이중 창문', '이중 국적'처럼 표현해요.

 이 중에서 뭐가 가장 좋을까요?
 이중 창문은 창문이 안쪽과 바깥쪽에 각각 있어서 따뜻해요.

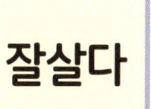 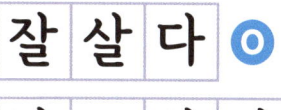

'잘살다'는 '부유하다'라는 뜻이면 붙여 쓰고,
'잘 지내다'라는 뜻으로 쓰이면 띄어 써요.
'못살다'도 '가난하다'는 뜻이면 붙여 쓰고,
그 외는 '못 살다'로 띄어 씁니다.

 잘살고 못사는 것은 행복의 기준이 아니다.
 전학 가서도 **잘 살라고** 인사했어요.

 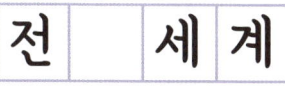

'전'은 '모든, 전체'의 뜻으로 뒤에 오는 말과 띄어 써요.
'전 국민', '전 학생', '진 열 권' 등으로 씁니다.

 태권도는 **전 세계**에 알려져 있는 우리 고유의 운동이다.
 전 국민이 한마음으로 목소리를 높였어요.

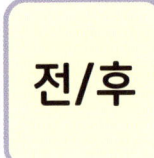 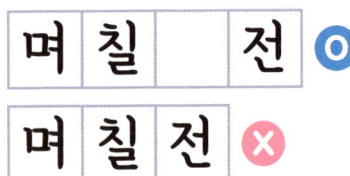

'전'은 '이전'을 뜻하는 말이며, '후'는 '뒤나 다음'을 뜻해요.
둘 다 앞말과 띄어 씁니다. '하기 전', '먹기 전',
'한 후', '먹은 후' 등으로 적어요.

 며칠 전에 내린 눈으로 길이 아직 미끄러워요.
 화장실은 꼭 노크를 **한 후**, 들어가야 해.

 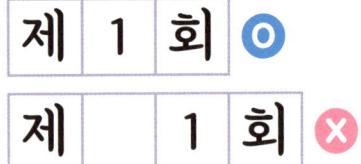

'제'는 숫자에 해당하는 차례를 나타내며
숫자와 붙여서 써요. '제3회 ○○ 초등학교 졸업식',
'제1부', '제1권' 등으로 씁니다.

 제24회 미래 초등학교 졸업식을 시작합니다.
 제2부는 잠시 후에 계속됩니다.

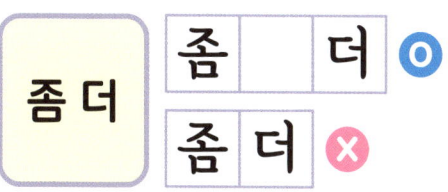

'좀 더'에서 '좀'과 '더'는 각각의 낱말로
띄어 쓰는 것이 원칙이에요. 단, '좀 더 큰 것'처럼
한 자씩 이어질 때는 '좀더 큰것'으로도 쓸 수도 있어요.

이 문제는 **좀 더** 신중하게 생각해야 해.

좀 더 기다리는 게 좋겠어.

'줄'은 어떤 방법, 일의 내용을 나타내는 말이며
앞말과 띄어 씁니다. '할 줄 몰랐다',
'하는 줄 알고'처럼 써요.

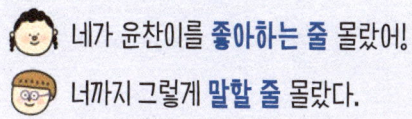

네가 윤찬이를 **좋아하는 줄** 몰랐어!

너까지 그렇게 **말할 줄** 몰랐다.

'중'은 '여럿 가운데, 무엇을 하는 동안'이라는 뜻으로 앞말과 띄어 써요. '너희 중 한 명', '사람들 중에', '수업 중', '통화 중'처럼 띄어 씁니다.

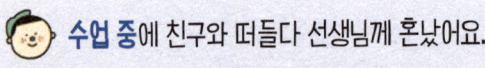

> 수업 중에 친구와 떠들다 선생님께 혼났어요.
> 여기 있는 사람들 중에 찬성하는 사람은 손을 드세요.

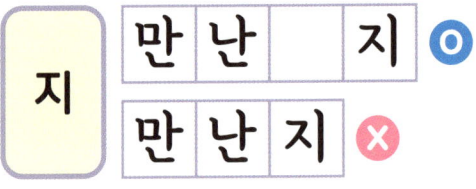

'지' 뒤에 시간을 나타내는 말이 오면 띄어 씁니다. '떠난 지 일 년이 되었다', '시작한 지 며칠 안 되었다', '주문한 지 오래되었다'처럼 써요.

> 우리가 만난 지 벌써 삼 년이 지났어.
> 유튜버를 시작한 지 얼마 안 됐어요.

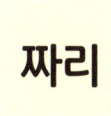 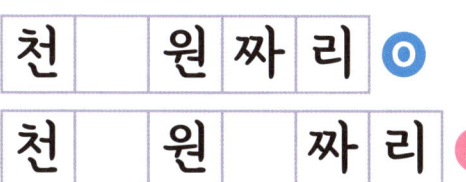

'짜리'는 그만한 수나 양을 가진 것, 또는 그만한 가치를 가진 것의 뜻을 더하는 말로 앞말에 붙여 써요.
'다섯 살짜리', '백 권짜리', '백 원짜리',
'얼마짜리' 등으로 표현합니다.

 저금통에 **천 원짜리**와 동전이 가득 들어 있어요.
 열 권짜리 시리즈 책을 읽기 시작했다.

'처럼'을 비롯해 '까지', '부터', '커녕'과 같은 토씨는
잎말에 붙여 쓰고, 뒷말과는 띄어 씁니다.

 패러글라이딩을 타면 **새처럼** 하늘을 날 수 있어요.
 우리는 **도둑처럼** 살금살금 창고 안으로 숨어들었다.

 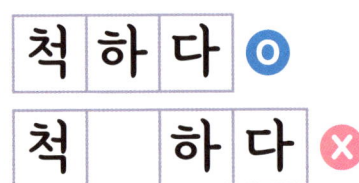

'척하다'는 앞말을 거짓으로 그럴듯하게 꾸밈을
나타내는 말이에요. '아는 척하다', '잘난 척하다',
'예쁜 척하다'처럼 '척하다'는 하나의 낱말로 붙여 써야 해요.

 잘 알지 못하면서 아는 **척한다**.

 나는 모르는 **척하고** 시치미를 떼고 있었다.

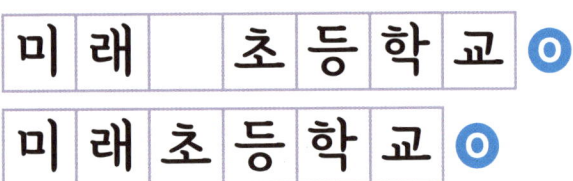

성명 이외의 고유 명사는 낱말별로 띄어 쓰는 것이
원칙이지만, 단위별로 붙여 쓸 수도 있어요.
'한국 대학교 인문 대학', '한국대학교 인문대학'으로 써요.

 제가 다니는 학교는 **미래 초등학교**예요.

 미래초등학교 옆에 **한국대학교 인문대학**이 가깝게 있어요.

커녕

| 알 | 기 | 는 | 커 | 녕 | ⭕ |
| 알 | 기 | 는 | | 커 | 녕 | ❌ |

'커녕'은 '말할 것도 없거니와 도리어'라는 뜻의 토씨로, 앞말에 붙여 쓰고 뒷말과는 띄어 씁니다.
'공부는커녕', '밥은커녕 물도 못 마셨다'처럼 표현해요.

 길을 **알기는커녕** 나한테 어디로 가야 하냐고 물었다.
 엄마를 **돕기는커녕** 집을 어질러 놓았어요.

큰소리치다

| 큰 | 소 | 리 | 치 | 다 | ⭕ |
| 큰 | 소 | 리 | | 치 | 다 | ❌ |

'큰소리치다'는 목청을 돋워 가며 야단치거나, 남 앞에서 잘난 체하며 과장하는 것을 뜻해요.
'큰수리치다'는 하나의 낱말로 굳어져 붙여 써요.

 선생님은 화가 나면 **큰소리치지** 않고 목소리를 낮춰요.
 큰소리치는 사람치고 제대로 하는 사람 못 봤다.

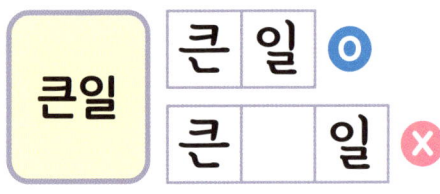

'큰일'은 힘이 많이 들어간 일, 중대한 일을 뜻해요.
자주 쓰이면서 사전에 하나의 낱말로 올라서 붙여 씁니다.
'큰일 나다', '큰일이다', '큰일 날 뻔하다' 등으로 표현해요.

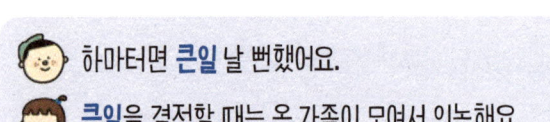

'텐데'는 '터인데'가 줄어든 말로
앞말과 띄어 써야 해요. '해야 할 텐데',
'좋을 텐데', '힘들 텐데'처럼 적습니다.

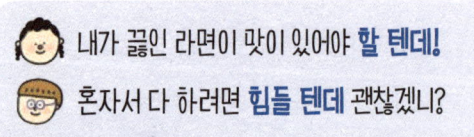

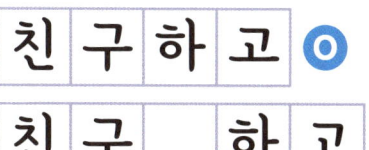

'하고'는 함께함을 나타내거나, 비교하는 기준으로 삼는 대상을 나타내는 토씨로 앞말에 붙여 써요.
'너하고 닮았다', '배하고 사과하고' 등으로 표현해요.

 오늘 **친구하고** 영화관에 가기로 했어요.

 넌 **누구하고** 짝꿍 되고 싶어?

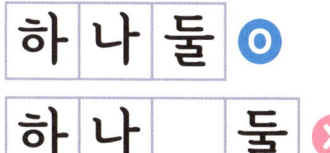

'하나둘'은 하나나 둘쯤 되는 수를 말하며 하나의 낱말로 사전에 올라 있어 붙여 써요.
뒤에 '씩'이 붙어도 '하나둘씩'으로 붙여 씁니다.

 감추었던 비밀이 **하나둘** 드러나기 시작했다.

 날이 어두워지자 친구들은 **하나둘씩** 집으로 돌아갔다.

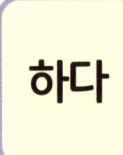 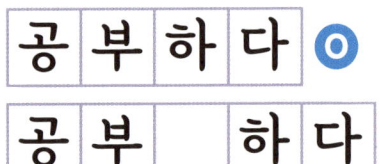

'-하다'는 '공부하다', '노래하다'처럼 사전에 오른 하나의 낱말은 붙여 써요. 또한 동작이나 행동을 뜻하는 명사에 '-하다'가 붙으면 앞말과 붙여 씁니다. 예로 '줄다리기하다', '로그인하다'는 붙여 쓰고, '친구 하다'는 '친구'에 동작성이 없으므로 띄어 써요.

 형은 독서실에서 밤늦게까지 **공부해요**.

 오디션에 합격하기 위해서 최선을 다해 **노래했어요**.

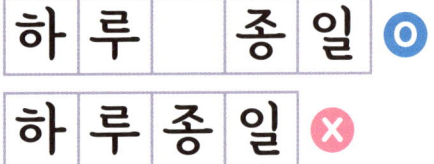

'하루'와 '종일'은 각각의 낱말로 보며 사전에 하나의 낱말로 오르지 않아 띄어 써요.

 하루 종일 걸었더니 다리가 아프다.

 오늘은 **하루 종일** 비가 내렸어요.

'한 번', '두 번'처럼 차례를 나타낼 때는 띄어 쓰고,
'한번 해봐라', '한번 먹어 보다'처럼
시험 삼아 해본다는 뜻일 때는 붙여 써요.

 하루에 **한 번** 약을 챙겨 먹어야 해요.

 선생님, 제가 **한번** 해볼게요.

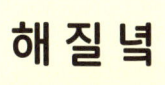

'해 질 녘'은 '해가 질'과 '녘'이 쓰여
하나의 낱말로 보지 않고 각각 띄어 씁니다.
'해 뜰 녘' 역시 띄어 써야 해요.

 해 질 녘이 되어서야 집에 도착했다.

 언덕에 앉아 **해 질 녘**의 하늘을 바라보았어요.

'가랑비, 곰비임비, 마음자리, 잠포록하다'처럼
초등학생이 활용할 수 있는 예쁜 우리말을
예문과 함께 실었습니다.

가 댁 질

'가댁질'은 아이들이 서로 피하고 잡고 하며 노는 장난을 말해요. 규칙이 없이 잡고 피하는 아이들의 단순한 놀이입니다.

 하람이와 운동장에서 **가댁질**을 하며 놀았어요.

 할아버지를 보자 아이들은 **가댁질**하던 것을 멈추고 공손하게 인사를 했다.

가 두 리

'가두리'는 물건 가에 두르고 있는 언저리를 뜻해요. 바깥쪽이나 가장자리를 뜻하는 '가'와 '두르다'가 합쳐진 말이에요.

바다에 그물을 쳐서 물고기를 가두어 기르는 곳을 '가두리 양식장'이라고 해요.

가랑비

'가랑비'는 이슬비보다 좀 더 굵고 가늘게 내리는 비를 뜻하며, 실제 가랑비와 이슬비를 구별하기는 어려워요.

비슷한 말

가랑눈 : 조금씩 잘게 내리는 눈을 말하며 '가랑'은 매우 작은 것을 뜻해요.

 등굣길에 **가랑비**가 내려 옷이 축축해졌다.

 가랑비에 옷 젖는 줄 모른다더니, 어느새 모아 둔 돈을 다 써 버렸잖아!

가풀막

'가풀막'은 비탈진 급경사 길이에요.
가파르게 비탈진 오르막길과 내리막길을 뜻하지요.
이런 길을 보고 '가풀막지다'라고 표현합니다.

 가풀막을 오르면 숨이 턱까지 찬다.

 가풀막진 고개를 오르려면 든든하게 먹어 둬야 할 거야.

갈무리

'갈무리'는 일이나 물건 등을 잘 정리해 두는 것을 말해요. 흐트러진 물건을 정리하거나 하던 일을 끝맺음하는 것도 '갈무리하다'라고 표현해요.

 흔히 가을을 **갈무리**의 계절이라고 해요.

 지금은 새로운 것을 찾기보다 모은 정보를 잘 **갈무리**하는 것이 중요해!

개미장

'개미장'은 장마가 오기 전에 개미들이 줄지어 먹이를 나르는 일을 말해요. 개미가 먹이를 열심히 나르는 것은 궂은 날씨에 대비하는 것으로 개미장이 서면 곧 큰비가 온다고 해요.

 개미장이 선 것을 보니 곧 비가 오겠군.

 개미장을 보면서 작은 곤충들도 부지런히 자기 살 길을 찾는 것이 신기하기만 했다.

개숫물

'개숫물'은 그릇을 닦을 때 사용하는 물이에요.
처음에는 개숫물이 그릇을 닦는 물만 뜻했으나 지금은
가정에서 버리는 생활폐수를 모두 일컫는 말이 되었어요.

 개숫물을 길가에 함부로 버리면 안 돼요.
 도시락 통은 이미 **개숫물**에 담겨 있었다.

검기울다

검은 기운이나 먹구름이 퍼져서 해가 가려지고
날이 점점 어두워지는 것을 '검기울다'라고 말해요.
대낮에 검기울면 소나기가 내리곤 하지요.
또 해가 지면서 어스름해지는 것도 '검기울다'라고 표현해요.

 아빠는 창가에 서서 **검기우는** 하늘을 걱정스러운
표정으로 지켜보았다.
 날이 **검기울기** 시작했으니 집으로 돌아가는 게 좋겠어.

겨끔내기

'겨끔내기'는 어떤 일을 여러 사람이
서로 번갈아 하는 것을 말해요.
힘든 일은 여럿이 겨끔내기로 하면 쉽게 해낼 수 있지요.

 갑자기 병원에 입원하자, 친구들이 **겨끔내기**로
찾아와 위로했어요.

 수업 시간에 창수와 민서는 **겨끔내기**로 떠들어 댔다.

고드름장아찌

'고드름장아찌'는 말이나 행동이 싱거운 사람을 놀리는
말이에요. 고드름을 간장에 절여 장아찌를 담그면
싱거운 물이 되듯이 말이나 행동이 상황에 어울리지 않고
다소 엉뚱한 느낌을 주는 사람을 가리켜요.

 실없이 농담을 일삼던 친구에게 **고드름장아찌**라는
별명이 붙었다.

 깐깐해 보이는 외모와 달리 성격은 **고드름장아찌** 같아.

곰 비 임 비

'곰비임비'는 일이 계속해서 일어나거나, 물건이 거듭 쌓이는 것을 뜻해요. 사람들이 어느 장소에 잇따라 도착할 때도 '곰비임비 도착하다'라고 씁니다.

글 속

'글속'은 학문을 이해하는 정도를 뜻하는 말로, '글속이 깊다', '글속이 뒤처지다' 등으로 표현해요.

- 밤낮으로 책을 읽는 도의는 **글속**이 깊어.
- 남들보다 **글속**이 뒤처져서 걱정돼요.

길섶

'길섶'은 길의 가장자리를 뜻하며, 흔히 길 주변에
풀이 나 있는 가장자리 길을 말해요.
갓길을 제외한 모든 길의 가장자리는 길섶이에요.

비슷한 말

갓길 : 고속도로나 자동차 전용 도로에서 위급하거나
고장 난 차량을 위한 가장자리 길이에요.

 길섶에 핀 꽃들이 바람결에 흔들려요.

 더 이상 걸을 수 없어서 **길섶**에 풀썩 주저앉아 버렸다.

길짐승

'길짐승'은 땅을 기어 다니는 짐승을 말하며,
흔히 네 발을 가진 동물을 가리켜요.

반대말

날짐승 : 새처럼 날아다니는 짐승을 뜻해요.

 산에 갈 때는 **길짐승**을 조심해야 해요.

 숲은 **길짐승**과 **날짐승**이 사는 보금자리예요.

까치발

'까치발'은 키를 높이기 위해 발뒤꿈치를 드는 것을 말해요.
어린아이들은 높은 곳에 손을 뻗기 위해 까치발을 하지요.

비슷한 말

까치걸음 : 아이들이 두 발을 모아서 종종 뛰거나
발뒤꿈치를 들고 살살 걷는 걸음이에요.

 교실 안을 살펴보기 위해 **까치발**을 하고 창문에 매달렸다.

 아이는 **까치발**을 하고는 선반 위에 있는 사탕을
꺼내기 위해 안간힘을 썼어요.

꽃구름

'꽃구름'은 여러 가지 빛을 띤 아름다운 구름이에요.
해가 뜨거나 해가 질 때처럼 빛과 어우러져 하늘을 수놓는
아름다운 구름을 말해요.

 꽃구름이 하늘을 아름답게 물들였어요.

 꽃구름을 타고 하늘을 날아갈 듯한 기분이에요.

4장 | 예쁜 우리말 익히기

꽃보라

'꽃보라'는 떨어져서 바람에 날리는 많은 꽃잎을 뜻해요. 바람에 눈이 날리는 눈보라처럼 많은 꽃잎이 바람에 날리는 것을 '꽃보라'라고 합니다.

 벚꽃이 한창일 때는 마을 어귀에 **꽃보라**가 날려요.
 바람 부는 들판에 예쁜 꽃들이 **꽃보라**를 일으켰어요.

꽃샘바람

'꽃샘바람'은 이른 봄에 꽃이 필 무렵 부는 찬바람을 말해요. 꽃이 피는 것을 시샘하는 바람이라는 뜻이에요.

같은 말

소소리바람 : 이른 봄에 부는 차고 매서운 바람을 뜻해요.

 봄이 오는 것을 시기라도 하듯 **꽃샘바람**이 분다.
 며칠 동안 따뜻하더니 오늘은 **꽃샘바람**에 너무 추웠어요.

나들목

'나들목'은 드나들 때 거치게 되는 길목이에요.
고속도로에서 차들이 나가고 들어오는 '인터체인지'를 말해요.

 서울로 향하는 버스는 **나들목**에서 고속도로에 들어섰어요.
 나들목 부근의 교통 정체로 차들이 거북이걸음이에요.

나비눈

'나비눈'은 못마땅해서 눈을 굴려 보고도 못 본 척하는
눈짓을 말해요. 공연히 화난 척하며 눈을 굴려
새초롬한 표정을 짓는 눈짓입니다.

비슷한 말

나비잠 : 아기가 두 팔을 머리 위로 벌리고 자는 잠을 뜻해요.

 엄마가 신발을 사 주지 않자, 나는 **나비눈**을 하고서
구석에 서 있있어요.
 신경을 쓰지 않는 척했지만, 나도 모르게 **나비눈**으로
두 친구를 지켜보고 있었어요.

난바다

'난바다'는 육지에서 멀리 떨어진 바다를 말해요.
비슷한 말로 '외양', '외해'라고도 해요.

반대말
든바다 : 육지에서 멀지 않은 가까운 바다를 이르는 말이에요.

 삼촌은 **난바다**의 고기잡이 배에서 일해요.
 난바다에서 큰 배가 들어올 때면 사람들은 부둣가로 모였어요.

낫낫하다

사물의 감촉이 몹시 연하고 부드러울 때
'낫낫하다'라고 표현해요.
또 상냥한 사람을 일컫는 말이기도 하지요.

 현지는 할아버지와 함께 사는데, **낫낫하게** 할아버지의
잔심부름도 곧잘 해요.
 낫낫한 성격의 레인이는 친구들 사이에서 인기가 많아요.

내림

'내림'은 부모나 조상으로부터 내려오는 유전적인 특성을 말해요.
한자어로 '내력(來歷)', '유전(遺傳)'이라고 해요.

 180cm가 넘는 큰 키는 예부터 내려오는 우리 집안 **내림**이다.

 집안마다 **내림** 음식에는 비법이 담겨 있어요.

너나들이

'너나들이'는 서로 '너', '나' 하고 부르며 허물없이 지내는 사이를 말해요. 친한 친구가 바로 너나들이하는 사이랍니다.

너럭바위

'너럭바위'는 넓고 평평한 바위를 일컫는 말이에요.
한자어로 '반석(盤石)'이라고도 해요.

> **반대말**
> **선바위**: 산이나 들, 물 가운데에 우뚝 서 있는 커다란 바위를 말해요.

 저기 **너럭바위**에 앉아 조금 쉬었다 가자!
 계곡에서 수영을 하고 **너럭바위**에 누워 몸을 말렸어요.

너울

'너울'은 바다에서 이는 사납고 큰 물결이에요.
한자어로 '파도(波濤)'라고 하는데 '너울'이 순우리말입니다.
'너울이 지다', '너울이 치다' 등으로 표현해요.

> **비슷한 말**
> **물너울**: 바다와 같은 넓은 물에서 크게 움직이는 물결을 뜻해요.

 바람이 거세지더니 조용했던 바다에 **너울**이 일기 시작했다.
 아빠는 **너울**이 이는 바다를 묵묵히 바라보고 계셨어요.

달구치다

무엇을 알아내거나 어떤 일을 재촉하려고
꼼짝 못하게 몰아치는 것을 '달구치다'라고 합니다.

비슷한 말

다그치다 : 일이나 행동 등을 빨리 끝내기 위해 몰아치는 것을 뜻해요.

 엄마가 놀러 나가는 나를 보면 공부하라고 **달구치실** 게 뻔해.

 상자 안에 든 것이 무엇이냐고 아무리 **달구쳐도** 윤미는 입을 열지 않았다.

돋을볕

'돋을볕'은 아침에 해가 솟아오를 때의 햇볕을 말해요.
어둠이 걷히고 해가 뜰 때 돋을볕이 솟으면
힘찬 기운이 느껴져요.

 돋을볕이 비추자 새해맞이의 벅찬 기운이 느껴졌다.

 창문 틈으로 **돋을볕**이 빼꼼히 들어왔어요.

돋을새김

'돋을새김'은 평평한 면에 글자나 그림 등을
도드라지게 새긴 조각을 뜻해요.
한자어로는 '양각(陽刻)'이라고 합니다.

 바위에는 뜻을 알 수 없는 한자가 **돋을새김** 돼 있었다.

 나무 조각에 친한 친구의 얼굴을 **돋을새김**했다.

동아리

'동아리'는 같은 뜻을 가지고 모여서
한패를 이룬 무리를 뜻해요.
흔히 취미가 같은 사람들끼리 모인 단체를
'서클'이라고 하는데 '동아리', '모임'으로 순화해서 써야 해요.

 지난주부터 음악 **동아리**에 들어가 첼로를 배우기 시작했어.

 나는 중학교에 가면 연극 **동아리**에 들어가서
무대에 서고 싶어.

둔치

'둔치'는 강이나 호수 등 물가의 가장자리 또는
물가의 언덕을 말해요. 흔히 '고수부지(高水敷地)'라는
한자어를 쓰는데 '둔치'가 순우리말이에요.
예를 들어, '한강 고수부지'도
'한강 둔치'라고 바꾸어 써야 합니다.

 한강 **둔치**에 멋진 수영장이 만들어졌어요.
 쓰레기로 뒤덮인 **둔치**를 보니 강물이 오염된 것을 알 수 있었다.

뒤쓰레질

'뒤쓰레질'은 어떤 일이 끝난 뒤에
그 자리의 쓰레기를 쓸어 내는 일이에요.
각종 행사나 모임이 끝나면 자기 자리는
스스로 뒤쓰레질하는 습관을 길러야 해요.

 공원에서 놀고 난 후에는 **뒤쓰레질**을 말끔하게 하고 가야 해.
 행사가 끝나고 늦게까지 **뒤쓰레질**을 한 후에 돌아갔다.

땅 별

'땅별'은 지구를 별에 빗대어서 이르는 말이에요.
땅별은 우리가 살아가고 있는 별이기 때문에
병들지 않도록 잘 보살펴야 해요.

똘 기

'똘기'는 아직 익지 않은 과일을 뜻해요.
똘기는 대부분 떫은맛이 나기 때문에 먹으면 배탈 나기 쉬워요.

 이 복숭아는 아직 **똘기**라 따 먹으면 많이 떫을 거야.
 똘기를 먹어서 그런지 오후부터 살살 배가 아파왔다.

뜻매김하다

어떤 말이나 사물의 뜻을 명백히 밝혀 정하는 것을 '뜻매김하다'라고 합니다.

같은 말

정의하다 : '뜻매김하다'와 같은 말로 '-라고 정의하다', '정의를 내리다' 등으로 써요.

 그는 사람들에게 새롭게 쓰이는 말을 **뜻매김하여** 사전으로 만드는 일을 한다.

 모르는 낱말은 사전에서 **뜻매김**을 먼저 살펴야 해.

마음자리

'마음자리'는 마음의 본바탕을 이르는 말이에요.
마음자리를 바르게 해야 행동도 바르답니다.
'마음자리가 바르다', '마음자리가 예쁘다' 등으로 표현해요.

 바른 사람은 **마음자리**에 그릇됨이 없어야 한대요.

 너의 **마음자리**가 가리키는 대로 행동하면 될 거야.

먼 지 잼

'먼지잼'은 겨우 먼지가 날리지 않을 정도로
조금 오는 비를 말해요.
가뭄 때 먼지잼으로 비가 오면 아쉽기만 하지요.

반대말

목비 : 모내기를 할 무렵에 충분히 내리는 비를 뜻해요.

 먼지잼으로 내리는 비에 놀라 괜히 서둘러 우산을 샀군.

 가뭄으로 고생하는 농부들의 마음을 모르는 듯
비가 **먼지잼**으로 내렸다.

모 꼬 지

'모꼬지'는 놀이나 잔치에
여러 사람이 모이는 일이에요.
'모꼬지한다', '모꼬지하러 간다'라고 표현해요.

 이번 주말에 마을에서 가장 큰 **모꼬지**가 마을회관에서 열린대.

 선배들은 새로 들어온 후배들과 함께 **모꼬지**를 떠났어요.

모둠

'모둠'은 초·중등학교에서 학생들을
작은 규모로 묶은 모임을 말해요.
학생들을 조별로 나누어 발표를 하기도 하는데,
이를 '모둠 발표'라고 해요.

 각 **모둠**별로 토의한 내용을 발표하기로 했어요.
 은솔이는 우리 **모둠**에서 가장 적극적으로 행동하는 친구예요.

미리내

'미리내'는 강물처럼 길게 퍼져 있는 별 무리예요.
맑은 날 밤하늘을 올려다보면 강물처럼
무리 지어 있는 별 무리를 볼 수 있어요.

같은말

은하수 : 미리내를 '은하수'라고도 하며, '은빛 강물'이라는 뜻이에요.

 밤하늘을 아름답게 수놓는 **미리내**를 하염없이 바라보았다.
 미리내에는 견우와 직녀의 슬픈 이야기가 담겨 있어요.

미쁘다

믿음직스럽고 진실하다는 뜻으로 '미쁘다'라고 표현해요. 발음이 비슷한 '예쁘다'는 흔히 사람의 겉모습을 이르는 말이고, '미쁘다'는 사람의 속마음을 일컫는 말이에요.

 어떤 상황에서도 꿋꿋이 맡은 일을 해내는 강민이가 **미쁘게** 보였어요.

 태민이는 말과 행동이 달라 도무지 **미쁘게** 보이지 않는다.

밑글

'밑글'은 책에서 이미 배운 부분의 글이나 이미 알고 있어서 바탕이 되는 글을 뜻해요.

비슷한 말

배경지식 : 어떤 일을 할 때 이미 머릿속에 있거나 기본적으로 필요한 지식을 말해요.

 밑글이 튼튼해야 글쓰기를 잘할 수 있어요.

 밑글이 있는 사람은 수업 내용을 쉽게 이해할 수 있다.

바람꽃

'바람꽃'은 큰 바람이 불기 전에 먼 산에 구름처럼 끼는 뽀얀 기운을 말해요. 숲과 들이 있는 곳의 먼 산에 바람꽃이 보이면 곧 큰 바람이 불어요.
매연이 많은 도심에서는 바람꽃을 보기 힘들어요.

 예로부터 뱃사람들은 **바람꽃**이 일면 바다에 나가지 않았다고 해요.

 높은 산이 **바람꽃**에 뿌옇게 싸여 신비로운 분위기를 만들었다.

별똥별

'별똥별'은 먼 하늘의 티끌이나 먼지 등이 빠르게 떨어질 때 공기와 부딪쳐 불타면서 내는 빛이에요.

같은 말

유성 : 유성을 우리말로 '별똥별'이라고 해요.

 별똥별을 보고 소원을 빌면 정말 이루어진대.

 별똥별이 밤하늘에 긴 획을 긋더니 순식간에 사라져 버렸다.

불잉걸

'불잉걸'은 이글이글하게 활짝 핀 숯덩이를 말해요.
숯이나 나무가 타면서 가장 뜨거운 상태의
숯덩이를 뜻하지요.

> **같은 말**

잉걸불 : 불에 이글이글하게 달아오른 숯이나 장작을 말해요.

 아빠는 모닥불에서 꺼내온 **불잉걸**에 고기를 맛있게
익혀 주셨어요.

 화가 난 친구는 눈이 **불잉걸**처럼 활활 타오르고 있었다.

사르다

불에 태워 없애는 것을 '사르다'라고 표현해요.
또 어떤 것을 남김없이 없애 버리는 것을 뜻하기도 해요.

 절을 찾은 할머니는 향을 **사르고** 나서 절을 하셨다.

 여기저기 놓인 나뭇가지를 모두 모아 **살랐다.**

사 리

'사리'는 음력 15일과 30일경에 밀물이 가장 높이 드는 때를 말해요. 사리는 '한사리'를 줄인 말이에요.

반대말

조금 : 매월 음력 8일과 23일경에 밀물이 낮게 들어오는 때를 말해요.

 사리 때 갯벌에 나가면 위험해요.

 이번 **사리**에는 여느 때보다 밀물이 많이 밀려들었다.

사 시 랑 이

'사시랑이'는 마른 사람이나 가늘고 약한 물건을 일컫는 말이에요. 또 간사한 사람이나 물건을 뜻하기도 하지요.

살눈

'살눈'은 살짝 내린 눈으로, 조금 내려서 땅에 쌓일 듯 말 듯한 눈을 말해요. 살눈에서 '살'은 얇다는 뜻이에요.

비슷한 말

살얼음 : 얇게 내리는 눈은 '살눈', 얇게 언 얼음은 '살얼음'이에요.

 밤사이 내린 **살눈**이 아침이 되자 모두 녹아 버렸어요.
 살눈이 내린 숲은 그림처럼 아름다워요.

살피

'살피'는 땅과 땅 사이의 경계선을 간단하게 나타낸 표이며, 또 물건과 물건 사이의 갈피에 꽂아 두는 표시예요.

비슷한 표현

살피꽃밭 : 경계선을 따라 좁고 길게 만든 꽃밭을 말해요.

 책장 사이에 **살피**를 끼워 읽은 곳을 표시해 두었어요.
 책꽂이에 꽂힌 책들 사이에 **살피**를 끼워 분야별로 책을 찾기 편하게 정리했어요.

삿갓구름

'삿갓구름'은 외딴 산봉우리의 꼭대기 부근에
걸려 있는 삿갓 모양의 구름을 말해요.
'삿갓'은 비나 햇볕을 막기 위해 갈대 등을
거칠게 엮어 만든 세모 모양의 갓이에요.

 관악산 봉우리에 **삿갓구름**이 걸려 있어요.

 삿갓구름이 걸려 있는 저 높은 산봉우리까지 가 보자.

샐쭉하다

마음에 차지 않아서 언짢은 태도가 드러나거나,
어떤 감정을 드러내면서 입이나 눈이 한쪽으로
배뚤어지는 것을 '샐쭉하다'라고 표현해요.

 구슬을 모두 잃은 현수는 **샐쭉한** 표정으로
먼 산만 바라보았다.

 약속 시간에 늦어서인지 재민이의 표정이 **샐쭉하군**.

샛강

'샛강'은 큰 강에서 한 줄기가 갈려 나가서 중간에 섬을 이루고 하류에 가서 다시 큰 강에 합쳐지는 강이에요. 큰 강과 샛강은 갈라졌다 다시 만나는 강이라서 같은 물줄기랍니다.

 샛강을 깨끗하게 가꿔야 큰 강을 보전할 수 있어요.
 동네 앞에 있는 **샛강**에는 물고기들이 많아요.

샛별

'샛별'은 가장 밝은 별이며, 저녁에 서쪽 하늘이나 새벽의 동쪽 하늘에서 볼 수 있어요.

생계망게하다

행동이나 말이 갑작스럽고 터무니없을 때 '생계망게하다'라고 말해요. 햇볕이 쨍쨍한 대낮에 갑자기 비가 내리는 것도 생계망게한 일이지요.

 도둑이 제 발 저린 것처럼 묻지도 않은 말을 **생계망게** 늘어놓았어요.

 갑작스러운 소식에 **생계망게**해서 먼 하늘만 바라보았다.

서리가을

'서리가을'은 서리가 내리는 늦가을을 말해요. '서리'는 대기 중의 수증기가 지상의 물체 표면에 얼어붙은 것이에요. 서리가을이 되면 집집마다 김장 준비를 하지요.

 서리가을인데도 오늘은 한겨울처럼 바람이 매섭다.

 서리가을에 노란 국화가 피었어요.

서 리 꽃

'서리꽃'은 유리창에 서린 김이 얼어서 꽃처럼 무늬가 생기는 것을 말해요. '서리'는 늦가을에 공기 중의 물방울이 물체에 닿아 하얗게 얼어붙은 것이에요.

 날씨가 많이 추워진다 싶더니 유리창에 **서리꽃**이 피었다.
 청초하면서도 차가운 표정의 아영이는 **서리꽃**을 닮았어요.

선 웃 음

'선웃음'은 우습지도 않은데 꾸며서 웃는 거짓 웃음이에요. 선웃음의 '선'은 '서툴다, 충분치 않다'는 뜻으로 억지로 웃는 웃음을 말해요.

'선웃음'을 선한 표정으로 웃는 웃음으로 잘못 쓰기 쉬우니 주의하세요.

 재희는 **선웃음**까지 지어 보이며 선생님께 잘 보이려고 애썼다.
 장사꾼이 늘어놓는 이야기가 하도 어이가 없어서 **선웃음**을 지어 보였다.

성기다

물건 사이가 뜨거나, 반복되는 횟수나 정도가
뜨는 것을 '성기다'라고 말해요.
또 관계가 깊지 않고 서먹하다는 뜻도 있어요.

비슷한 말

'성기다'와 비슷한 말로 '성글다', '듬성하다', '뜸하다' 등이 있습니다.

 할아버지는 **성긴** 머리카락을 얌전히 빗어 정돈하셨어요.

 좀 전까지만 해도 **성기던** 빗줄기가 제법 굵어졌다.

소나기밥

'소나기밥'은 보통 때는 많이 먹지 않는 사람이 갑자기
많이 먹는 밥을 뜻해요. 반찬이 입에 맞는다고 소나기가
퍼붓듯이 소나기밥을 먹으면 배탈이 나기 쉽지요.

 다이어트한다고 굶고서 집에 오자마자 **소나기밥**을 먹었다.

 동생은 **소나기밥**을 먹더니 체했는지 배가 아프다고
울상을 지었어요.

속긋

'속긋'은 글씨나 그림 등을 그 위에 덮어 쓰거나 그리며
익히도록 가늘고 흐리게 그어 주는 선을 말해요.
글씨를 처음 배울 때 속긋 위에 덮어 쓰는 연습을 하면
예쁜 글씨체를 익힐 수 있어요.

 속긋을 따라 쓰며 예쁜 글씨체 연습을 해요.

 속긋을 그려 주면 누구나 쉽게 그림을
따라 그릴 수 있어요.

손갓

'손갓'은 손을 이마에 붙여서 햇살의 눈부심을 막고
멀리 보기 위해서 하는 행동이에요.
손을 갓 모양으로 이마에 붙인다 해서 '손갓'이지요.

 햇빛 때문에 눈이 부셔서 **손갓**을 하고 건너편을 살펴보았다.

 손갓을 한 엄마는 놀이터에서 놀고 있는 우리를 오랫동안
바라보고 계셨다.

손톱달

'손톱달'은 초승달이나 그믐달처럼 손톱 모양으로 생긴 달을 말해요. 초승달이나 그믐달처럼 가느다란 달의 모습을 '이지러지다'라고 표현하며, 한쪽이 차지 않았다는 뜻이에요.

같은 말

갈고리달 : 손톱달을 어떤 지방에서는 갈고리를 닮았다 하여 '갈고리달'이라고도 불러요.

 하늘에 이지러진 **손톱달**이 떠 있어요.
 태은이의 **손톱달** 같은 눈썹이 참 예뻐요.

시나브로

'시나브로'는 모르는 사이에 조금씩 조금씩이라는 뜻이에요. 어떤 일이 느릿하게 되어 가는 것을 '시나브로 한다'라고 표현해요.

반대말

곰비임비 : 일이 계속해서 일어나거나 물건이 거듭 쌓이는 것을 뜻해요.

 벚꽃이 **시나브로** 떨어지고 있어요.
 찬바람이 부는 걸 보니 가을이 **시나브로** 저물어 가나 봐요.

알 심

'알심'은 은근히 동정하는 마음을 뜻해요.
또는 겉으로 보기보다 야무지게 힘을 쓰는
사람을 일컫는 말이에요. '알심'의 '알'은 '속'을 뜻하며,
'심'은 '마음'을 가리켜요. 즉, 겉치레로 하는 동정심이나
생색내는 마음과 반대되는 뜻이에요.

 태준이는 어려운 사람을 돕는 **알심** 있는 친구이다.

 그 무거운 상자를 번쩍 들다니, 생각보다 **알심**이 있구나.

알 음

'알음'은 사람끼리 서로 아는 일을 뜻해요.
친분이 있는 사이를 '알음이 있다'라고 표현합니다.

 알음알음으로 입소문이 퍼져 제법 많은 사람이 찾아왔어요.

 새로 이사 온 옆집 아저씨는 전부터 우리 아빠와
알음이 있는 사이였다.

애면글면

'애면글면'은 몹시 힘에 겨운 일을 이루려고 애를 쓰는 모양을 일컫는 말이에요. 힘은 약하지만 무엇인가를 이루려는 모습은 애면글면하지요.

애오라지

'애오라지'는 '겨우'나 '오로지'를 강조할 때 쓰는 말이에요. 가지고 있는 것이 얼마 남지 않았을 때, '애오라지 이것밖에 남지 않았다'라고 표현합니다.

 우리가 할 수 있는 일이 **애오라지** 이것뿐이라는 것을 믿을 수 없어!

 발표를 할 수 있는 사람은 **애오라지** 나밖에 없었다.

애 잔 하 다

몹시 가냘프고 약해서 애처롭고 애틋할 때 '애잔하다'라고 말해요. '애잔하다'에서 '애'는 초조한 마음, 몹시 수고로움을 뜻해요.

비슷한 말

애처롭다 : 가엾고 불쌍하여 마음이 슬프다는 뜻이에요.

 힘겹게 살아가는 친구를 보면 **애잔한** 마음이 든다.
 떨어지는 꽃잎을 보면 **애잔하다.**

에 움 길

'에우다'는 사방을 빙 둘러싸는 것을 뜻해요.
'에움길'은 굽은 길이나 에워서 돌아가는 길을 말하며,
한자어인 '우회로(迂廻路)'를 대신할 수 있는 말이기도 해요.

 에움길로 가면 생각지 못한 멋진 풍경을 만날 수 있어요.
 혹시나 껄끄러운 사람을 마주칠까 봐 일부러 **에움길**로 돌아갔어요.

여울

'여울'은 강이나 바다의 바닥이 얕거나
폭이 좁아서 물살이 세게 흐르는 곳이에요.
여울은 바닥이 얕아도 물살이 세기 때문에
여울에서 물놀이를 하는 것은 위험해요.

 여울을 건널 때는 물살이 세니 항상 조심해야 해.

 여울 아래 있는 바위를 들어 올리자 가재와 고동 등 많은 생물이 보였어요.

여의다

부모님이나 사랑하는 사람이 죽어서
이별하는 것을 '여의다'라고 해요.
또 딸을 시집보내거나, 멀리 떠나보낸다는 뜻도 있어요.

 그는 일찍이 부모를 **여의고** 고아로 자랐어요.

 친구는 교통사고로 갑작스럽게 아빠를 **여의었어요**.

연모

'연모'는 물건을 만들거나 일을 할 때에 쓰는 기구와
재료를 말해요. 연모에는 여러 가지가 있는데,
그중에서 칼이나 낫처럼 날이 있는 연모를
'날붙이'라고 합니다.

 목재와 톱, 대패 등은 가구를 만들 때 필요한 **연모**이다.
 정확한 원을 그리기 위해 필요한 **연모**는 컴퍼스이다.

올림말

'올림말'은 사전 등의 낱말 항목에 넣어
알기 쉽게 풀이해 놓은 말을 뜻해요.
'이 사전은 올림말이 십만 개이다',
'연모는 일곱 가지 올림말이 있다' 등으로 표현해요.

 남북의 겨레가 함께 볼 최초의 사전인 〈겨레말 큰사전〉에
약 30만 7천 개의 **올림말**을 수록했어요.
 사전의 **올림말**은 ㄱㄴ 순으로 정렬되어 있어요.

옹글다

조각나거나 손상되지 않고 원래대로
있는 것을 '옹글다'라고 해요.
또 매우 실속 있고 다부지다는 뜻도 있습니다.

 다음 시험까지 **옹근** 한 달이 남았으니 최선을 다해야지.
 주원이는 나이가 어려도 형 노릇을 **옹글게** 해요.

우듬지

'우듬지'는 나무의 꼭대기 줄기를 뜻해요.
나무줄기의 뾰족한 끝을 '나무초리'라고 하는데,
'우듬지'는 나무초리를 포함해
나무의 꼭대기 부분을 가리키는 말이에요.

 파랑새는 나무의 **우듬지**에 살며시 내려앉았어요.
 바람이 불 때마다 나무의 **우듬지**에 자리 잡은 새집이 위태롭게 흔들렸다.

자발없다

행동이 가볍고 참을성이 없는 것을 '자발없다'라고 해요.
줏대 없이 가볍게 행동하는 사람을 가리켜
'자발없다', '자발떤다'라고 표현합니다.

 자발없는 친구라 생각했는데 오늘 보니 인내심이 많은 것 같아.
 자발없는 사람은 어디를 가든 큰일을 해내기 어렵다.

잠포록하다

날이 흐리고 바람기가 없을 때 '잠포록하다'라고 해요.
하늘이 흐릿해서 무거워 보이지만
포근한 느낌이 들기도 하는 날씨예요.

날이 잠포록한 걸 보니 비가 올 것 같아.

점쟁이인가?

적바림

'적바림'은 나중에 참고하기 위해 글로 간단히 적어 두는 일, 또는 그 기록을 뜻해요. 학교에서 알림장이나 공책에 간단하게 적는 것도 적바림이지요. 외래어인 '메모(memo)'를 대신할 수 있는 말이에요.

 선생님의 말을 하나도 빠짐없이 **적바림**했어요.
 앞으로의 계획을 **적바림**해 두었어요.

주저리주저리

'주저리주저리'는 너저분한 물건이 어지럽게 매달려 있는 모양이나, 너저분하게 이것저것 이야기하는 모양을 일컫는 말이에요.

 필요 없는 이야기까지 **주저리주저리** 떠들어 대면 어떡하니?
 주저리주저리 투덜대는 이야기를 듣고 있자니 점점 화가 났어요.

줏대

'줏대'는 사물의 가장 중요한 부분을 말하며,
자신의 처지나 생각을 꿋꿋이 지키고
내세우는 기질을 뜻해요. 사람이 줏대가 없으면
주변 사람들의 말에 흔들리기 쉬워요.

 줏대가 없으면 사람들 말에 자꾸 흔들리게 돼.

 쉽게 마음을 바꾸는 삼촌을 보고 아빠는
'**줏대** 없는 녀석'이라고 하셨다.

쥐코밥상

'쥐코밥상'은 밥 한 그릇과 반찬 한두 가지만으로
아주 간단히 차린 밥상을 말해요.
쥐가 먹기에도 모자라서 코로 냄새만
맡을 정도의 밥상이라는 뜻이지요.

 요리 방법에 따라 **쥐코밥상**이 진수성찬이 될 수 있어요.

 비록 **쥐코밥상**이지만, 가족이 함께 밥을 먹는 것만으로도
기분이 좋았어요.

진 지

'진지'는 '밥'의 높임말이에요.
웃어른께는 밥이나 식사를 '진지'라고 말해요.
'진지 드시다', '진지 잡수시다' 등으로 표현해요.

 아빠는 동네 어르신께 "**진지** 잡수셨어요?"하고 물어보셨다.

 엄마는 할아버지 **진지**를 차려 드려야 한다며 발걸음을 서두르셨어요.

짱 짱 하 다

생김새가 다부지고 동작이 매우 굳세면
'짱짱하다'라고 말해요. 또 얼음이나 대나무처럼
단단하여 갈라지기 쉬운 물건을 가리키는 말이에요.
'체력이 짱짱하다', '목소리가 짱짱하다' 등으로 표현해요.

 나는 운동선수처럼 **짱짱한** 체력을 갖고 있어요.

 풀을 잔뜩 먹인 종이는 하루가 지나자 **짱짱하게** 말랐다.

차림표

'차림표'는 식당이나 가게에서 파는 음식의 종류와 가격을 적은 표예요. 흔히 쓰는 '메뉴판' 대신 '차림표'라는 우리말을 쓰세요.

찬바람머리

'찬바람머리'는 가을철에 싸늘한 바람이 불기 시작할 무렵을 가리켜요. 아침저녁으로 찬바람이 부는 늦가을을 말하지요. 찬바람머리의 '머리'는 어떤 때가 시작할 무렵을 뜻해요.

 찬바람머리가 되었는지 아침저녁으로 쌀쌀해졌다.
 요즘 같은 **찬바람머리**에는 따뜻하게 입고 다녀야 해요.

치렛거리

'치렛거리'는 여인이 몸치장을 하는 데 쓰는 물건, 즉, 장식품을 뜻해요. 목걸이, 귀고리 등을 말하며 흔히 '액세서리'라고 해요.

 외모에 관심이 많으면 **치렛거리** 하나도 신중하게 고른다.

 옛날에는 금, 은, 구리, 옥 등을 **치렛거리**로 만드는 데 사용했다고 해요.

치사랑

'치사랑'은 손아랫사람이 손윗사람을 사랑하는 것을 말해요. 자식이 부모를 사랑하는 일도 치사랑이에요.

반대말

내리사랑 : 손윗사람이 손아랫사람을 사랑하는 것으로, 부모가 자식을 사랑하는 것을 말해요.

 나를 힘들게 길러 주신 부모님께 **치사랑**으로 보답해야겠다.

 옛말에 '내리사랑은 있어도 **치사랑**은 없다.'고 했다.

톺아보다

샅샅이 더듬고 뒤지면서 찾아보는 것을 '톺아보다'라고 해요.
책을 읽을 때나 어떤 일을 할 때도 관심 있게
톺아보아야 하지요.

비슷한 표현

'톺다'는 틈이 있는 곳마다 모조리 더듬어 뒤지면서 찾는다는 뜻이며,
'톺아 내다', '톺아 읽기', '톺아 보기' 등으로 표현해요.

 빠져나갈 길을 **톺아보며** 기회만 기다렸다.

 체험 학습을 가기 전에 경주를 **톺아볼** 수 있는 여행지를
여러 곳 정리해 보자!

푸서리

'푸서리'는 잡초가 무성하고 거친 땅이에요.
잘 가꾸던 땅도 사람의 보살핌이 없으면
금세 푸서리가 되고 말지요.

 산 중턱의 **푸서리**에서 멧돼지 소리가 들려왔어요.

 할머니는 **푸서리**와 진배없는 밭을 보며 한숨을 쉬었다.

풀 땜 질

'풀땜질'은 근본적인 수습은 하지 않고 임시방편으로 수습하여 넘어가는 일을 비유하는 말이에요. 금이 간 그릇이나 터진 옷을 풀로 붙여 때우면 금방 잘못되지요. 이처럼 적당히 얼버무리고 넘어가는 것을 '풀땜질'이라고 해요.

- 지난번처럼 이번 일을 **풀땜질**하고 넘어간다면 더욱 큰 사고로 이어질 수 있다.
- 눈 가리고 아웅 하는 **풀땜질**로 얼마나 버티는지 두고 보자.

풋 낯

'풋낯'은 서로 낯이나 익힐 정도로 아는 사이를 말해요. 아는 사이지만 반갑게 인사하기는 쑥스러운, 그런 사이를 '풋낯'이라고 해요.

- 나와는 **풋낯**이나 다름없는 사람이지만, 외국에서 만나니 정말 반가웠다.
- **풋낯**이었던 사람이었는데, 어느새 친형제처럼 친해졌어요.

하늬바람

'하늬바람'은 서쪽에서 불어오는 바람을 뜻해요.
가을에 서쪽에서 불어오는 서늘하고 건조한 바람이지요.

반대말

마파람 : 남쪽에서 불어오는 바람을 뜻하며,
여름에 남쪽에서 부는 물기를 많이 머금은 바람이에요.

 하늬바람이 불면 곡식이 여물어진다고 해요.
 하늬바람에 억새들이 이리저리 흩날리고 있어요.

한길

'한길'은 사람이나 차가 많이 다니는 넓은 길이에요.
'한길이 한산하다', '한길로 나가다' 등으로 표현해요.

 평소에는 복잡하기만 했던 **한길**이 한산하게 느껴졌다.
 정부의 정책에 불만을 품은 사람들은 **한길**을 막고
시위를 하기 시작했다.

한무릎공부

'한무릎공부'는 한동안 착실히 하는 공부를 가리켜요.
짧은 시간이 아닌, 꽤 오랫동안 하는 공부를 뜻해요.
앉은뱅이책상에서 무릎을 꿇은 자세를 바꾸지 않고
인내심 있게 한 자세로 공부하는 것에서 비롯된 말이에요.

 한무릎공부를 하더니 결국 시험에 합격했구나!

 한무릎공부를 하려면 인내심이 필요해.

한올지다

사람의 관계가 한 가닥의 실처럼 매우 가깝고
친밀한 사이를 '한올지다'라고 해요.
친구와 남매끼리도 한올지게 지내야 하지요.

 엄마와 이모는 **한올진** 사이예요.

 신랑과 신부는 결혼을 약속하며 서로 **한올지게**
살겠다고 다짐했어요.

해 거 름

'해거름'은 해가 서쪽으로 기울 때를 말해요.
서쪽의 산등성이에 해가 걸려 있을 무렵이지요.

비슷한 말

해넘이 : 해가 막 넘어가는 때를 말하며,
해거름보다 조금 늦은 때를 가리켜요.

 노을빛 짙은 **해거름**을 볼 수 있는 언덕에 올랐어요.
 낮에는 그렇게 무덥더니 **해거름**이 되면서 추워졌다.

허 방

'허방'은 땅바닥이 움푹 패어 빠지기 쉬운 구덩이를 말해요.
그 밖에 '허방 짚다'는 잘못 예상하여 일이 실패한다는 뜻이며,
'허방 치다'는 바라던 일이 실패로 돌아갔을 때 쓰는 말이에요.

 날이 어두워지면 뛰다가 **허방**에 빠지기 쉬워요.
 잘못될까 봐 전전긍긍하던 일이 결국 **허방** 치고 말았다.

헤살

'헤살'은 남의 일을 짓궂게 방해하는 짓을 이르는 말이에요.
'헤살 놓다', '헤살 부리다' 등으로 표현합니다.

활개

'활개'는 사람의 활짝 편 두 팔과 다리, 새의 활짝 편
두 날개를 뜻해요. '활개 친다'는 힘차게 두 팔을 앞뒤로
흔들며 걷는 모습이나 의기양양하게 행동하는 것을 말해요.

 창수는 친구들과 온 동네를 **활개** 치며 돌아다녔다.
 소식을 듣고 기쁜 마음에 **활개**를 저으며 걸었어요.

부록

한자어와 일본 말을 우리말로 쉽게 고쳐 써 보세요.
외래어는 외래어 표기법에 따라 적어야 하고
여러 가지 문장 부호의 쓰임에 대해서도 익혀 두세요.

한자어 고쳐 쓰기 294

일본 말 고쳐 쓰기 304

틀리기 쉬운 외래어 306

문장 부호 익히기 308

찾아보기 312

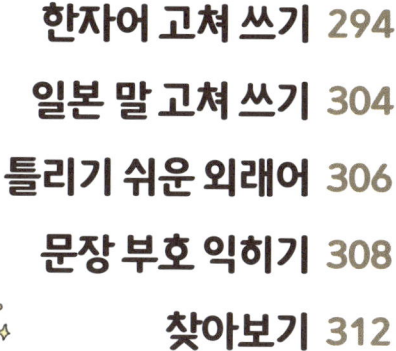

한자어 고쳐 쓰기

우리가 쓰는 말 중에는 한자어로 된 낱말이 많아요. 한문 투의 말을 우리말로 고쳐 쓰거나 쉬운 말로 고쳐 쓰는 연습을 해 보세요.

ㄱ

가가호호(家家戶戶) → 집집마다
가감(加減) → 더하고 빼기
가격(價格) → 값
가계(家計) → 살림살이
가관(可觀) → 볼만함(비웃는다는 뜻)
가급적(可及的) → 되도록, 될 수 있는 대로
가능(可能)한 → 될 수 있는, 할 수 있는
가면(假面) → 탈
가미(加味) → 맛을 더함
가부(可否) → 옳고 그름
가사(家事) → 집안일
가옥(家屋) → 집
각개(各個) → 따로따로
각계(各界) → 여러 분야

각기(各其) → 저마다
각자(各自) → 저마다
각종(各種) → 여러 가지
각처(各處) → 여러 곳
간격(間隔) → 사이(틈)
간과(看過) → 예사로 보아 넘김
간략(簡略) → 간단하게 줄임
간주(看做) → 여김, 그렇다고 침
간혹(間或) → 이따금, 종종
감안(勘案)하여 → 살피어, 생각하여
개최(開催)하다 → 열다
거금(巨金) → 많은 돈
거행(擧行)하다 → 올리다, 치르다
건(件) → 일
게양(揭揚)하다 → 달다
게재(揭載)하다 → 싣다
견학(見學) → 보고 배움

결여(缺如) → 모자라다
결점(缺點) → 흠
결집(結集) → 모음, 한데 모음
겸(兼)하여 → 아울러
경(頃) → 쯤, 무렵
경관(景觀) → 경치
경유(經由)하여 → 거쳐
경직(硬直) → 굳음
경합(競合) → 겨룸, 견줌
계주(繼走) → 이어달리기
고가(高價) → 비싼 값
고객(顧客) → 손님
고수부지(高水敷地) → 둔치
고어(古語) → 옛말
고의(故意)로 → 일부러
고저(高低) → 높낮이
곤란(困難) → 어려움
공란(空欄) → 빈칸
공연(空然)히 → 괜히, 쓸데없이
공헌(貢獻) → 이바지
공(共)히 → 함께
과거(過去) → 지난날

과다(過多)하게 → 너무 많이
과장(誇張)하다 → 너무 자랑하다, 부풀리다
광채(光彩) → 밝은 빛
구두(口頭)로 → 말로
구비(具備)한 → 갖춘
구습(舊習) → 옛 풍습
균등(均等)하게 → 고르게
균일(均一) → 똑같음
그 외(外)에 → 그 밖에
근거리(近距離) → 가까운 거리
근근(僅僅)이 → 겨우, 가까스로
근원(根源) → 본바탕
금일(今日) → 오늘
금주(今週) → 이번 주
기간(其間) → 그동안, 그사이
기상(起床) → 일어남
기색(氣色) → 얼굴빛
기약(期約) → 약속
기어(期於)이 → 결국, 꼭
기왕(既往) → 이미, 어차피
기입(記入) → 써 넣음

기존(既存)의 → 이미 있는
기탄(忌憚)없이 → 거리낌 없이
기포(氣泡) → 거품
기필(期必) → 꼭, 반드시

ㄴ

나열(羅列)하다 → 늘어놓다, 벌이다
난이도(難易度) → 어렵고 쉬운 정도
납득(納得) → 이해
납입(納入) → 냄, 치름
낭설(浪說) → 헛소문
내심(內心) → 속마음
누누(屢屢)이 → 여러 번
누락(漏落) → 빠트림, 빠짐
누차(累次) → 여러 번, 여러 차례
능통(能通)하다 → 아주 잘하다

ㄷ

다년간(多年間) → 여러 해 동안
다반사(茶飯事) → 예삿일, 흔한 일
단(但) → 다만
단문(短文) → 짧은 글

단서(端緖) → 실마리
단어(單語) → 낱말
단합(團合) → 뭉침
답신(答申) → 대답
당당(堂堂)히 → 떳떳이
당분간(當分間) → 잠깐, 얼마 동안
당시(當時) → 그때
당연(當然) → 마땅히
당일(當日) → 그날
당장(當場) → 곧
당초(當初) → 맨 처음
대개(大概) → 거의
대동소이(大同小異) → 거의 같음
대비(對比)하여 → 견주어
대체(代替) → 바꿈
대하(大蝦) → 큰새우, 왕새우
도난(盜難) → 도둑맞음
도모(圖謀)하다 → 일을 꾀하다
도처(到處)에 → 곳곳에
돌연(突然) → 별안간
동일(同一)한 → 같은
두개골(頭蓋骨) → 머리뼈

ㅁ

만개(滿開) → 활짝 핌
만전(萬全) → 완전(빈틈없이)
만천하(滿天下) → 온 세상
망년회(忘年會) → 송년회, 송년 모임
매(枚) → 장
매번(每番) → 번번이
매사(每事) → 일마다
매월(每月) → 달마다, 다달이
매일(每日) → 날마다, 나날이
매주(每週) → 주마다
면적(面積) → 넓이
명기(明記) → 분명히 기록함
명소(名所) → 이름난 곳
목전(目前) → 눈앞
무방(無妨) → 괜찮음
문자(文字) → 글자
문체(文體) → 글투
문하생(門下生) → 제자
물론(勿論) → 말할 것 없이
미비(未備)하다 → 덜 갖추다
미숙(未熟) → 서투름

ㅂ

반복(反復) → 되풀이
반입(搬入) → 실어옴
반환(返還) → 돌려줌
발매(發賣) → 팔기
발신인(發信人) → 보낸 이
방향(方向) → 편, 쪽
별도(別途) → 따로
본래(本來) → 본디
본색(本色) → 바탕
본질(本質) → 본바탕
부단(不斷)히 → 꾸준히, 끊임없이
부득이(不得已) → 할 수 없이
부락(部落) → 마을, 동네
부록(附錄) → 덧붙임
부분(部分) → 한쪽
부지(敷地) → 터, 대지
부지기수(不知其數) → 매우 많음
부지불식(不知不識) → 모르는 사이
분말(粉末) → 가루
불가능(不可能) → 할 수 없음
불의(不意) → 뜻밖

불허(不許) → 허락하지 아니함
비고(備考) → 참고
비단(非但) → 다만
비등(比等) → 비슷
빙점(氷點) → 어는점

ㅅ

사각(四角) → 네모
사면(四面) → 네 면, 사방
사물함(私物函) → 개인 보관함
사용(使用) → 씀, 부림
사원(寺院) → 절
사재(私財) → 개인 재산
사지(四肢) → 손과 발
사찰(寺刹) → 절
사후(死後) → 죽은 뒤
산간(山間) → 산골
산정(山頂) → 산꼭대기
삼각(三角) → 세모
삽시간(霎時間) → 잠깐 동안
상가(喪家) → 초상집
상시(常時) → 늘, 보통 때

상이(相異)한 → 서로 다른
상점(商店) → 가게
상책(上策) → 좋은 방법
상호(相互) → 서로
색인(索引) → 찾아보기
색조(色調) → 빛깔
색채(色彩) → 빛깔
서신(書信) → 편지
서약서(誓約書) → 다짐 글
서점(書店) → 책 가게, 책방
설립(設立) → 만들어 세움
세대(世代) → 가구, 집
소감(所感) → 느낀 바
소견(所見) → 생각
소위(所爲) → 이른바
소임(所任) → 맡은 일
소지(所持)하다 → 가지고 있다
속(速)히 → 어서 빨리
수면(睡眠) → 잠
수순(手順) → 순서, 절차, 차례
수신인(受信人) → 받는 이
수족(手足) → 손발

수중(水中) → 물 속
수취(受取) → 받음
순번(順番) → 차례
승강장(乘降場) → 타는 곳
시급(時急) → 급함, 바쁨
시비(是非) → 잘잘못
시사(示唆)하다 → 귀띔하다
시초(始初) → 처음
식단(食單) → 차림표
식비(食費) → 밥값
식상(食傷) → 싫증남, 물림
식수(食水) → 먹는 물
식전(食前) → 밥 먹기 전
식후(食後) → 밥 먹은 뒤
신간(新刊) → 새로 나온 책
신년(新年) → 새해
신품(新品) → 새것
실습(實習)하다 → 실제로 해 보다
심금(心琴) → 마음
심성(心性) → 마음씨
십팔번(十八番) → 단골 노래
쌍방(雙方) → 양쪽

ㅇ

악의(惡意) → 나쁜 뜻
안면(顔面) → 얼굴, 친분
안색(顔色) → 얼굴빛
압수(押收) → 거둬 감
야간(夜間) → 밤
양국(兩國) → 두 나라
양면(兩面) → 두 면, 겉과 안
양편(兩便) → 두 편
어조(語調) → 말투
여간(如干) → 좀처럼
여백(餘白) → 빈 곳
여분(餘分) → 나머지
여타(餘他) → 다른(그 밖에)
여파(餘波) → 남은 영향
여하간(如何間) → 어쨌든, 아무튼
역군(役軍) → 일꾼
역대(歷代) → 지난 대, 여러 대
역시(亦是) → 또한
역할(役割) → 구실, 할 일
연령(年齡) → 나이
연유(緣由)로 → 까닭으로

연일(連日) → 날마다
연중(年中) → 그해 동안
연후(然後)에 → 그러한 뒤에
염가(廉價) → 싼값
염증(厭症) → 싫증
영구(永久)히 → 오래도록
영아(嬰兒) → 젖먹이
예상외(豫想外) → 생각 밖
예시(例示) → 보기, 예로 보임
옥상(屋上) → 지붕 위
옥외(屋外) → 바깥, 집 밖
완결(完結) → 끝냄
완구(玩具) → 장난감
완료(完了) → 마침, 끝냄
왕왕(往往) → 가끔, 때때로
외부(外部) → 바깥쪽
요금(料金) → 값
요망(要望) → 바람
용건(用件) → 볼일
용도(用度) → 쓰이는 곳, 쓰임
용법(用法) → 쓰는 법
용이(容易) → 쉽사리

우선(于先) → 먼저
운임(運賃) → 찻삯, 짐삯
원래(元來) → 전부터, 본디
원(願)컨대 → 바라건대
위조(僞造) → 가짜, 속여 만듦
위촉(委囑) → 맡김
유기(鍮器) → 놋그릇
유사(類似)하다 → 비슷하다
유아(幼兒) → 어린아이
유일(唯一) → 오직 하나
육교(陸橋) → 구름다리
윤곽(輪廓) → 테두리
음성(音聲) → 목소리
음영(陰影) → 그림자, 그늘
음용수(飮用水) → 먹는 물, 마시는 물
의당(宜當) → 마땅히
의미(意味) → 뜻
의복(衣服) → 옷
의사(意思) → 생각, 마음, 뜻
의외(意外) → 뜻밖, 생각 밖
의중(意中) → 속마음
이면(裏面) → 속, 안

이외(以外) → 이 밖
익일(翌日) → 다음날, 이튿날
인출(引出)하다 → 찾다
일단(一旦) → 한번, 우선
일상(日常) → 늘, 언제나
일인당(一人當) → 한 사람 앞에
일체(一切) → 모두
임의(任意)로 → 마음대로
입구(入口) → 들어오는 곳
입장(立場) → 처지

ㅈ

자색(紫色) → 자줏빛
자정(子正) → 밤 열두 시
작년(昨年) → 지난해
잔고(殘高) → 잔액, 나머지
잔반(殘飯) → 남은 밥, 음식 찌꺼기
잠시(暫時) → 잠깐
장소(場所) → 곳, 자리
장차(將次) → 앞으로, 장래에
재삼(再三) → 두세 번, 여러 번
재차(再次) → 두 번째

저명(著名)한 → 이름난
저서(著書) → 지은 책
저자(著者) → 지은이
적당(適當)하게 → 알맞게
적립(積立) → 모음
적색(赤色) → 빨강, 붉은색
적합(適合)하다 → 알맞다
전반(全般) → 모든 것
전부(全部) → 온통
전신(全身) → 온몸
전자(前者) → 앞의 것
전적(全的)으로 → 모두
전후(前後) → 앞뒤
절취선(截取線) → 자르는 선
절하(切下)하다 → 깎아내리다, 낮추다
점포(店鋪) → 가게
접(接)히다 · 치지하다
정당(正堂)한 → 옳고 바른
정도(正道) → 바른길
정오(正午) → 낮 열두 시
정(正)히 → 바로, 틀림없이

제반(諸般) → 여러 가지

조달(調達)하다 → 마련하다

조만간(早晚間) → 곧

조화(調和) → 어울림

조회(照會) → 알아보기

졸부(猝富) → 벼락부자

종전(從前) → 그전부터

종종(種種) → 가끔, 이따금

종지부(終止符) → 마침표

좌우간(左右間) → 아무튼

주야(晝夜) → 밤낮

주지(周知)시키다 → 두루 알리다

중간(中間) → 가운데

중량(重量) → 무게

중차대(重且大)하다 → 심각하다

즉(卽) → 곧

즉시(卽時) → 곧

지분(持分) → 몫

지참(持參) → 지니고 옴

직후(直後) → 곧, 그 뒤

진의(眞意) → 참뜻

진종일(盡終日) → 온종일

大

차출(差出) → 뽑아냄

차후(此後) → 앞으로

천부(天賦) → 타고남

천신만고(千辛萬苦) → 온갖 고생

첨가(添加) → 보탬, 덧붙임

첨부(添附) → 덧붙임

첩첩산중(疊疊山中) → 깊은 산속

체중(體重) → 몸무게

체취(體臭) → 몸 냄새

초래(招來)하다 → 가져오다, 하게 하다

촬영(撮影) → 찍음

최종(最終) → 마지막

최하(最下) → 맨 아래

추월(追越) → 앞지르기

추첨(抽籤) → 제비뽑기

추후(追後) → 나중, 다음, 뒤

출구(出口) → 나가는 곳

충분(充分)한 → 넉넉한

취급(取扱) → 다룸

치아(齒牙) → 이

ㅌ

타(他) → 다른
타파(打破) → 없앰
토대(土臺) → 밑바탕
통찰(通察)하다 → 살피다
통첩(通牒) → 알림

ㅍ

편파적(偏頗的) → 한쪽으로 치우친
품절(品切) → 물건이 없음
풍부(豊富)한 → 많은, 넉넉한
피부(皮膚) → 살갗
필시(必是) → 반드시, 꼭
필연(必然) → 반드시, 꼭
필(必)히 → 반드시, 꼭

ㅎ

하여간(何如間) → 이쨌든
하중(荷重) → 짐 무게
할당(割當) → 떼어 맡김
항상(恒常) → 늘, 언제나
항시(恒時) → 늘

행선지(行先地) → 가는 곳
향후(向後) → 이다음, 앞으로
허사(虛事) → 헛일, 헛수고
호출(呼出) → 부름
혹성(惑星) → 행성
혹자(或者) → 어떤 사람, 어떤 이
혼신(渾身) → 온몸
화물(貨物) → 짐
회람(回覽) → 돌려 보기
회합(會合) → 모임
후문(後門) → 뒷문
휘하(麾下) → 부하, 지휘 아래
휴일(休日) → 쉬는 날
흡사(恰似) → 거의 같음, 비슷함
흥미(興味) → 재미

일본 말 고쳐 쓰기

일본 말을 그대로 가지고 왔거나 외래어를 일본어 투로 읽은 낱말들이에요. 우리말로 쉽게 고쳐 써 보세요.

가라 → 가짜
가케우동 → 가락국수
간지나다 → 멋지다
곤색 → 감색, 진남색
곤조 → 근성, 심지, 본성
구사리 → 꾸중, 야단
기스 → 흠, 상처
꼬붕 → 부하
낑깡 → 금귤
나가리 → 깨짐, 허사, 무효
나베우동 → 냄비국수
노가다 → (공사판) 노동자, 막일꾼
다꾸앙 → 단무지
다대기 → 다진 양념
다라이 → 대야, 큰 대야
다마 → 구슬, 전구, 당구
다마네기 → 양파

다시 → 맛국물
단도리 → 준비, 단속
단스 → 서랍장, 옷장
닭도리탕 → 닭볶음탕
덴푸라 → 튀김
뎃빵 → 우두머리, 두목
돈부리 → 덮밥
땡땡이무늬 → 물방울무늬
뗑깡 → 생떼, 억지
똔똔 → 본전치기
레자 → 인조가죽
마호병 → 보온병
마후라 → 목도리, 머플러
만땅 → 가득, 가득 채움
모찌떡 → 찹쌀떡
몸뻬 → 일바지, 허드렛바지
무대뽀 → 막무가내, 무모, 무대책

미싱 → 재봉틀
바리캉 → 이발기
바케쓰 → 양동이
분빠이 → 분배
비까번쩍하다 → 번쩍번쩍하다
빠구 → 후진, 퇴짜
빤쓰 → 팬티
빵꾸 → 구멍
뻬찌 → 펜치, 자름 집게
삐까삐까 → 번쩍번쩍
사라 → 접시
사라다 → 샐러드
사시미 → 생선회
소바 → 메밀국수
소보루빵 → 곰보빵
쇼부 → 승부, 흥정, 결판
스시 → 초밥
스키나시 → 곁들이찬
시다 → 조수, 보조원
시다바리 → 조수, 보조원
신삥 → 새것, 신품
아나고 → 붕장어, 바다 장어

앙꼬 → 팥소
야끼만두 → 군만두
엑기스 → 진액
오뎅 → 어묵
오방떡 → 왕풀빵
오야지 → 우두머리, 책임자
와꾸 → 틀
와리바시 → 나무젓가락
와사비 → 고추냉이
왔다리갔다리 → 왔다갔다
운짱 → 운전기사
유도리 → 융통, 여유
잇파이 → 가득히
잉꼬부부 → 원앙 부부
지라시 → 광고지
추리닝 → 운동복
후로쿠 → 엉터리

틀리기 쉬운 외래어

외래어도 '외래어 표기법'에 따라 적도록 규정하고 있어요.
여기에는 실생활에서 틀리기 쉬운 외래어를 소개했어요.

가스렌지 → 가스레인지
개임 → 게임
까페 → 카페
네트웍 → 네트워크
다이나믹 → 다이내믹
데이타 → 데이터
돈까스 → 돈가스
디지탈 → 디지털
런닝머신 → 러닝머신
레져 → 레저
렌트카 → 렌터카
로보트 → 로봇
로케트 → 로켓
리더쉽 → 리더십
리모콘 → 리모컨
매니아 → 마니아
메세지 → 메시지

미스테리 → 미스터리
바디 → 보디
바베큐 → 바비큐
발란스 → 밸런스
밧데리 → 배터리
벤취 → 벤치
부페 → 뷔페
블럭 → 블록
비스켓 → 비스킷
비젼 → 비전
빵파레 → 팡파르
샌달 → 샌들
샵 → 숍
센치미터 → 센티미터
센타 → 센터
소세지 → 소시지
쇼파 → 소파

수퍼마켓 → 슈퍼마켓	쥬스 → 주스
수퍼맨 → 슈퍼맨	초콜렛 → 초콜릿
스타일리쉬 → 스타일리시	카렌다 → 캘린더
스폰지 → 스펀지	카페트 → 카펫
스프 → 수프	칼라 → 컬러
싸이버 → 사이버	캐롤 → 캐럴
싸이즈 → 사이즈	커텐 → 커튼
싸인 → 사인	컨셉 → 콘셉트
써비스 → 서비스	컨텐츠 → 콘텐츠
악세사리 → 액세서리	케익 → 케이크
알콜 → 알코올	케찹 → 케첩
앙케이트 → 앙케트	타겟 → 타깃
앵콜 → 앙코르	탈렌트 → 탤런트
애드립 → 애드리브	탑 → 톱
액센트 → 악센트	테잎 → 테이프
앰블란스 → 앰뷸런스	텔레비젼 → 텔레비전
에스칼레이터 → 에스컬레이터	트랜드 → 트렌드
에이콘 → 에이컨	펌플렛 → 펨플릿
오리지날 → 오리지널	프로포즈 → 프러포즈
워크샵 → 워크숍	플룻 → 플루트
윈도우 → 윈도	화이팅 → 파이팅
잉글리쉬 → 잉글리시	후라이팬 → 프라이팬

문장 부호 익히기

'문장 부호'는 문장의 뜻을 돕거나, 문장의 정확한 의미 전달을 위해 쓰는 여러 가지 부호를 말해요.

1. **마침표(.)** : 서술형의 문장을 마칠 때, 연월일을 표시할 때 쓴다.
   단, 제목이나 표어에는 마침표를 쓰지 않는다.
   - 예) 학교에 일찍 갑니다.
   - 예) 2021. 8. 15. (2021년 8월 15일)

2. **물음표(?)** : 물음을 나타낼 때 쓴다. 의심이나 빈정거림을 표시할 때는 소괄호 안에 물음표를 쓴다.
   - 예) 넌 뭘 좋아해?
   - 예) 지금 가면 언제 오세요?
   - 예) 고양이가 가출(?)을 했어요.

3. **느낌표(!)** : 감탄과 놀람을 나타낼 때, 감정을 넣어 부를 때, 강한 느낌을 나타내는 문장 끝에 쓴다.
   - 예) 정말 멋있다!
   - 예) 이게 누구야!
   - 예) 내일부터 열심히 할 거야!

4. **쉼표(,)** : 같은 자격의 어구를 연결할 때, 끊어 읽을 때, 부르거나 대답할 때, 짝을 지어 구별할 때 쓴다.
   - 예) 시장에서 채소, 생선, 과일을 샀어요.
   - 예) 콩 심은 데 콩 나고, 팥 심은 데 팥 난다.
   - 예) 태은아, 이것 좀 봐.

5. **가운뎃점(·)** : 둘 이상의 어구를 묶어서 나타낼 때, 짝을 이루는 어구들 사이에 쓴다.

> 예 주원·강민, 태준·도의는 서로 짝이 되어 놀이를 했다.
> 예 빨강·초록·파랑이 빛의 삼원색이다.

6. **쌍점(:)** : 포함되는 종류를 나열하거나, 설명을 덧붙일 때 쓴다. 의존 명사 '대'가 쓰일 자리에 쓴다.

> 예 꽃 : 국화, 민들레, 벚꽃, 목련 등
> 예 형제 : 형과 아우를 아울러 이르는 말
> 예 한국 대 미국의 경기에서 2:1로 한국 팀이 승리했다.

7. **빗금(/)** : 대비되는 두 개 이상의 어구를 묶어 나타낼 때, 기준 단위당 수량을 표시할 때 쓴다.

> 예 남한/북한
> 예 금메달/은메달/동메달
> 예 입장료는 2,000원/명이다. (1명에 2,000원이라는 뜻)

8. **큰따옴표(" ")** : 직접 대화를 표시할 때, 남의 말이나 글을 인용할 때 쓴다.

> 예 "할머니, 제가 도와 드릴게요."
> 예 그는 "곧 갈 거예요."라고 말했다.

9. **작은따옴표(' ')** : 마음속으로 한 말을 적을 때, 강조하는 말을 나타낼 때 쓴다. 그 밖에 소제목, 예술 작품의 제목, 상호 등에도 작은따옴표를 쓸 수 있다.

> 예 나는 속으로 '어쩌지?' 하고 생각했다.
> 예 지금 중요한 것은 '창의력'이다.

10. **소괄호(( ))** : 보충적인 내용을 덧붙일 때, 우리말 표기와 원어를 함께 나타낼 때, 생략할 수 있는 요소임을 나타낼 때 쓴다.

> 예 신사임당(화가이자 율곡 이이의 어머니)의 업적은 다음과 같다.
> 예 대한민국(大韓民國), 커피(coffee)
> 예 광개토(대)왕은 고구려의 임금이다.

11. **중괄호({ })** : 여러 요소를 세로로 묶을 때 쓴다.

> 예 주격 조사 { 이 / 가 } 예 색의 3요소 { 색상 / 명도 / 채도 }

12. **대괄호([ ])** : 괄호 안에 또 괄호를 넣을 때, 한자어의 괄호 안과 바깥 말의 음이 다를 때 쓴다.

> 예 도서관 휴관 기간[9. 20.(월)~9. 22.(수)]을 참조하세요.
> 예 할아버지[祖父], 큰아버지[伯父]

13. **겹낫표(『 』)와 겹화살괄호(《 》)** : 책 제목, 신문 이름 등을 나타낼 때 쓴다.

> 예 우리나라 최초의 민간 신문은 『독립신문』이다.
> 예 《하늘과 바람과 별과 시》는 윤동주의 시집이다.

14. **홑낫표(「 」)와 홑화살괄호(〈 〉)** : 소제목, 예술 작품의 제목, 상호 등을 나타낼 때 쓴다. 홑낫표나 홑화살괄호 대신 작은따옴표를 쓸 수 있다.

> 예 이 곡은 베르디가 작곡한 「축배의 노래」이다.
> 예 〈한강〉은 사진집 《아름다운 땅》에 실린 작품이다.

15. **물결표(~)** : 기간이나 거리 또는 범위를 나타낼 때 쓴다.
    단, 물결표 대신 붙임표를 쓸 수도 있다.
    - 예 5월 5일~5월 8일
    - 예 서울~부산을 하루에 다녀올 계획이다.

16. **줄임표(……)** : 할 말을 줄였거나 말이 없음을 나타낼 때, 문장이나
    글의 일부를 생략할 때 쓴다. 단, 점은 여섯 점 대신 세 점을 찍을 수도 있다.
    - 예 "성공할 수 있을지……." 하고 말끝을 흐렸다.
    - 예 "할 말 있으면 해 봐." "……."
    - 예 저기… 있잖아… 그거 알아?

17. **붙임표(-)** : 차례대로 이어지거나 밀접한 관련이 있는
    어구를 묶어서 나타낼 때 쓴다.
    - 예 멀리뛰기는 도움닫기-도약-공중 자세-착지의
      순서로 이루어진다.
    - 예 남한-북한-일본 삼자 관계

18. **드러냄표(˙)와 밑줄(＿)** : 문장 중 특정한 부분을 드러내 보일 때 쓴다.
    - 예 한글의 원래 이름은 훈민정음이다.
    - 예 다음 보기에서 내용이 틀린 것은?

19. **숨김표(××, ○○)** : 금기어나 비속어, 밝힐 수 없는 사항을 나타낼 때 쓴다.
    - 예 그 말을 듣고 ×××란 말이 나올 뻔했다.
    - 예 너무 화가 나서 ○○○라고 욕을 뱉었다.
    - 예 합격자는 김○준, 박○람, 이○영 세 명이다.

찾아보기

1장
틀리기 쉬운 OX 맞춤법

가게(○) 가개(×) 10
가려고(○) 갈려고(×) 10
가르다(○) 갈르다(×) 11
가만히(○) 가만이(×) 122
간질이다(○) 간지르다(×) 11
강낭콩(○) 강남콩(×) 12
같아(○) 같애(×) 12
개구쟁이(○) 개구장이(×) 13
개수(○) 갯수(×) 13
개었다(○) 개였다(×) 14
거르다(○) 걸르다(×) 14
거야(○) 꺼야(×) 15
거예요(○) 거에요(×) 15
거의(○) 거이(×) 16
건더기(○) 건데기(×) 16
게걸스럽다(○) 개걸스럽다(×) 122
게시판(○) 계시판(×) 17

겨우내(○) 겨울내(×) 17
경쟁률(○) 경쟁율(×) 122
고랭지(○) 고냉지(×) 18
고마워요(○) 고마와요(×) 18
-고요(○) -구요(×) 19
골칫거리(○) 골치거리(×) 122
곰곰이(○) 곰곰히(×) 19
곱빼기(○) 곱배기(×) 20
과녁(○) 과녁(×) 20
구레나룻(○) 구렛나루(×) 122
구시렁(○) 궁시렁(×) 122
구웠다(○) 구었다(×) 21
굳이(○) 구지(×) 21
굼벵이(○) 굼뱅이(×) 122
굽이굽이(○) 구비구비(×) 122
궤변(○) 괴변(×) 122
귀고리(○) 귀걸이(×) 122
귀띔(○) 귀뜸(×) 22
귓속(○) 귀속(×) 22
그러고 나서(○) 그리고 나서(×) 23
그러려고(○) 그럴려고(×) 23
그 애(○) 그 얘(×) 24

금세(○) 금새(×) 24
금의환향(○) 금의환양(×) 122
기다란(○) 길다란(×) 25
기다려(○) 기달려(×) 25
기와집(○) 기왓집(×) 26
기울이다(○) 기우리다(×) 26
깊숙이(○) 깊숙히(×) 122
까다롭다(○) 까탈스럽다(○) 27
까무러치다(○) 까무라치다(×) 122
깍두기(○) 깍뚜기(×) 122
깎다(○) 깍다(×) 27
깔때기(○) 깔대기(×) 122
깜박(○) 깜빡(○) 28
깡충깡충(○) 깡총깡총(×) 28
깨끗이(○) 깨끗히(×) 29
꺼림직하다(○) 꺼름직하다(×) 122
꼬드기다(○) 꼬득이다(×) 29
꼬시다(○) 꾀다(○) 30
끼어들다(○) 끼여들다(×) 30

나가려면(○) 나갈려면(×) 31
나더러(○) 날더러(×) 31
나래(○) 날개(○) 32
나루터(○) 나룻터(×) 123

나뭇가지(○) 나무가지(×) 123
낚다(○) 낙다(×) 32
낚시꾼(○) 낚싯꾼(×) 33
날개 돋친 듯(○) 날개 돋힌 듯(×) 33
날아가다(○) 날라가다(×) 34
남녀(○) 남여(×) 34
납작하다(○) 납짝하다(×) 35
낭떠러지(○) 낭떨어지(×) 35
낯선(○) 낯설은(×) 36
내로라하는(○) 내노라하는(×) 36
내음(○) 냄새(○) 37
냄비(○) 남비(×) 37
넋두리(○) 넉두리(×) 123
널빤지(○) 널판지(×) 123
널찍하다(○) 넓직하다(×) 38
넓다(○) 널다(×) 38
넝쿨(○) 덩굴(○) 39
네가(○) 니가(×) 39
노란색(○) 노랑색(×) 123
노을(○) 놀(○) 40
녹록지(○) 녹녹치(×) 123
눈곱(○) 눈꼽(×) 40
눈살(○) 눈쌀(×) 41
늑장(○) 늦장(○) 41
-는지(○) -런지(×) 42

찾아보기 313

늦깎이(○) 늦깍이(×) 123

다달이(○) 달달이(×) 42
다행히(○) 다행이(×) 43
닦달하다(○) 닥달하다(×) 43
단출하다(○) 단촐하다(×) 123
담그다(○) 담구다(×) 44
당최(○) 당췌(×) 123
대가(○) 댓가(×) 44
대물림(○) 되물림(×) 123
-대요(○) -데요(×) 45
더욱이(○) 더우기(×) 123
덥석(○) 덥썩(×) 45
덮밥(○) 덥밥(×) 123
도롱뇽(○) 도룡뇽(×) 123
돌멩이(○) 돌맹이(×) 123
돌잔치(○) 돐잔치(×) 46
되뇌다(○) 되뇌이다(×) 46
되다(○) 돼다(×) 123
두루마리(○) 두루말이(×) 47
둘러싸이다(○) 둘러쌓이다(×) 123
뒤덮이다(○) 뒤덮히다(×) 124
뒤처리(○) 뒷처리(×) 124
뒤치다꺼리(○) 뒤치닥거리(×) 47

등굣길(○) 등교길(×) 48
딸꾹질(○) 딸국질(×) 124
떠들썩하다(○) 떠들석하다(×) 124
떡볶이(○) 떡볶기(×) 48
떨떠름하다(○) 떫더름하다(×) 124
떨어트리다(○) 떨어뜨리다(○) 49
떼쓰다(○) 때쓰다(×) 49
뚝배기(○) 뚝빼기(×) 124
뜨개질(○) 뜨게질(×) 124
띄어쓰기(○) 띠어쓰기(×) 50
띄엄띄엄(○) 띠엄띠엄(×) 50

마라(○) 말아라(○) 51
마음껏(○) 마음것(×) 51
막아(○) 막어(×) 52
만날(○) 맨날(○) 52
만반(○) 만발(×) 124
망측하다(○) 망칙하다(×) 124
맵시(○) 맵씨(×) 124
머릿결(○) 머리결(×) 124
머릿속(○) 머리속(×) 124
먹거리(○) 먹을거리(○) 53
먼지떨이(○) 먼지털이(×) 53
멋쩍다(○) 머쩍다(×) 54

메밀국수(○) 모밀국수(×) 54
메슥거리다(○) 미식거리다(×) 124
며칟날(○) 몇일날(×) 124
며칠(○) 몇 일(×) 55
명예 훼손(○) 명예 회손(×) 124
모자라다(○) 모자르다(×) 55
몰아붙이다(○) 몰아부치다(×) 56
무난한(○) 문안한(×) 56
무르팍(○) 무릎팍(×) 57
무릅쓰다(○) 무릎쓰다(×) 57
문외한(○) 무뇌한(×) 58
뭉게구름(○) 뭉개구름(×) 58
뭐라고(○) 머라고(○) 59
미끄러지다(○) 미끌어지다(×) 59

ㅂ

바라요(○) 바래요(×) 60
바람(○) 바램(×) 60
발자국(○) 발자욱(×) 61
방귀(○) 방구(×) 61
범칙금(○) 벌칙금(×) 62
벗다(○) 벚다(×) 62
벚꽃(○) 벗꽃(×) 63
베개(○) 벼개(×) 63
베끼다(○) 배끼다(×) 64

베짱이(○) 배짱이(×) 64
벼르다(○) 별르다(×) 65
별의별(○) 벼라별(×) 65
본떠(○) 본따(×) 66
봉숭아(○) 봉선화(○) 66
봬요(○) 뵈요(×) 67
부리나케(○) 불이나케(×) 67
부스스하다(○) 부시시하다(×) 68
부엌(○) 부억(×) 68
부패(○) 부폐(×) 69
분란(○) 불란(×) 69
비계(○) 비개(×) 70
비눗방울(○) 비누방울(×) 70
비로소(○) 비로서(×) 71
빈털터리(○) 빈털털이(×) 124
빨간색(○) 빨강색(×) 71
빨랫줄(○) 빨래줄(×) 125
빼앗다(○) 빼았다(×) 72

ㅅ

사귀다(○) 사기다(×) 72
살코기(○) 살고기(×) 73
새침데기(○) 새침떼기(×) 73
생각건대(○) 생각컨대(×) 74
생쥐(○) 새앙쥐(×) 74

설거지(○) 설겆이(×) 75
설레다(○) 설레이다(×) 75
성대모사(○) 성대묘사(×) 76
세숫대야(○) 세수대야(×) 125
셋째(○) 세째(×) 125
소꿉놀이(○) 소꼽놀이(×) 76
손사래(○) 손사레(×) 125
쇠고기(○) 소고기(○) 77
수군대다(○) 수근대다(×) 125
수놈(○) 숫놈(×) 125
수돗물(○) 수도물(×) 125
수수께끼(○) 수수깨끼(×) 77
숙맥(○) 쑥맥(×) 78
순국선열(○) 순국선혈(×) 125
숟가락(○) 숫가락(×) 78
숨바꼭질(○) 숨박꼭질(×) 79
승낙(○) 승락(×) 79
시든(○) 시들은(×) 80
싫증(○) 실증(×) 80
심혈(○) 심여(×) 81
십상(○) 쉽상(×) 81
쌈짓돈(○) 쌈지돈(×) 125
쌉쌀하다(○) 쌉살하다(×) 82
쑥스럽다(○) 쑥쓰럽다(×) 82
쓸데없는(○) 쓸때없는(×) 125

씁쓸하다(○) 씁슬하다(×) 125

아기(○) 애기(×) 83
아니요(○) 아니오(×) 83
아무튼(○) 아뭏든(×) 84
아지랑이(○) 아지랭이(×) 84
악천후(○) 악천우(×) 85
안 돼요(○) 안 되요(×) 85
안성맞춤(○) 안성마춤(×) 86
안쓰럽다(○) 안스럽다(×) 86
안절부절못하다(○) 안절부절하다(×) 87
안팎(○) 안밖(×) 87
알맹이(○) 알멩이(×) 125
알아맞히다(○) 알아맞추다(×) 88
애꿎은(○) 애궂은(×) 88
앳된(○) 애띤(×) 89
얘기(○) 예기(×) 89
어물쩍(○) 어물쩡(×) 125
어이없다(○) 어의없다(×) 90
어제(○) 어저께(○) 90
어쨌든(○) 어쨋든(×) 125
어쭙잖다(○) 어줍잖다(×) 91
얼마큼(○) 얼만큼(×) 91
엎지르다(○) 업지르다(×) 92

역할(○) 역활(×) 92
열심히(○) 열심이(×) 93
염치 불고하고(○) 염치 불구하고(×) 125
예닐곱(○) 여닐곱(×) 125
예쁘다(○) 이쁘다(○) 93
예삿일(○) 예사일(×) 126
오뚝이(○) 오뚜기(×) 94
오랜만에(○) 오랫만에(×) 94
오므리다(○) 오무리다(×) 95
오지랖(○) 오지랍(×) 95
외갓집(○) 외가집(×) 126
외톨이(○) 외토리(×) 96
요새(○) 요세(×) 96
우레(○) 우뢰(×) 97
우리나라(○) 저희 나라(×) 97
욱신거리다(○) 욱씬거리다(×) 98
욱여넣다(○) 우겨넣다(×) 98
움츠리다(○) 움추리다(×) 99
웃어른(○) 윗어른(×) 126
웬일(○) 왠일(×) 99
육개장(○) 육계장(×) 100
으레(○) 으례(×) 100
으스대다(○) 으시대다(×) 101
의젓하다(○) 으젓하다(×) 101
–이었다(○) –이였다(×) 102

이튿날(○) 이튼날(×) 102
이파리(○) 잎파리(×) 126
익숙지 않다(○) 익숙치 않다(×) 103
인건비(○) 인권비(×) 126
인사치레(○) 인사치례(×) 126
일부러(○) 일부로(×) 103
일으키다(○) 이르키다(×) 104
일찍이(○) 일찌기(×) 104

ㅈ

자그마치(○) 자그만치(×) 105
자장면(○) 짜장면(○) 105
자투리(○) 짜투리(×) 106
잘리다(○) 짤리다(×) 106
잠그다(○) 잠구다(×) 107
장맛비(○) 장마비(×) 107
장아찌(○) 짱아치(×) 126
저물녘(○) 저물녁(×) 108
제가(○) 저가(×) 126
제육볶음(○) 재육복음(×) 126
제치고(○) 제끼고(×) 126
조그마하다(○) 조그만하다(×) 108
조르다(○) 졸르다(×) 126
족집게(○) 쪽집게(×) 109
졸리다(○) 졸립다(×) 109

주워(○) 줏어(×) 110
줄게(○) 줄께(×) 110
짓궂다(○) 짖궂다(×) 111
짜깁기(○) 짜집기(×) 126
짭짤하다(○) 짭잘하다(×) 126
쩨쩨하다(○) 째째하다(×) 111
찌개(○) 찌게(×) 112

착잡하다(○) 착찹하다(×) 112
창피(○) 챙피(×) 113
책꽂이(○) 책꽃이(×) 113
천장(○) 천정(×) 114
초승달(○) 초생달(×) 126
초점(○) 촛점(×) 114
초주검(○) 초죽음(×) 126
추스르다(○) 추스리다(×) 115
치르다(○) 치루다(×) 115
칠흑(○) 칠흙(×) 126
턱없다(○) 택도 없다(×) 127
통째(○) 통채(×) 127
통틀어(○) 통털어(×) 127
트림(○) 트름(×) 116
파헤치다(○) 파해치다(×) 127
폭발(○) 폭팔(×) 116

핑계(○) 핑게(×) 127

ㅎ

하룻밤(○) 하루밤(×) 127
하마터면(○) 하마트면(×) 117
한가락(○) 한가닥(×) 117
한 움큼(○) 한 웅큼(×) 118
할게(○) 할께(×) 118
할 일 없이(○) 하릴없이(×) 127
해님(○) 햇님(×) 119
핼쑥하다(○) 핼쓱하다(×) 119
허투루(○) 허투로(×) 120
헤매다(○) 해메다(×) 127
헷갈리다(○) 헛갈리다(○) 120
후유증(○) 휴유증(×) 127
휑하다(○) 휭하다(×) 127
휴게실(○) 휴계실(×) 121
흉측하다(○) 흉칙하다(×) 127
흐리멍덩하다(○) 흐리멍텅하다(×) 127
흠집(○) 흠짓(×) 127
희한하다(○) 희안하다(×) 121
희희낙락(○) 희희낙낙(×) 127

2장
뜻이 서로 다른 맞춤법

ㄱ ㄴ

가르치다 vs 가리키다 130
갖다 vs 갔다 130
거름 vs 걸음 131
건투 vs 권투 131
걷히다 vs 거치다 132
결제 vs 결재 132
계발 vs 개발 133
곧 vs 곳 133
골다 vs 곯다 134
교제 vs 교재 134
그러므로 vs 그럼으로 135
깍듯이 vs 깎듯이 135
껍데기 vs 껍질 136
꼬리 vs 꽁지 136
낟알 vs 낱알 137
날다 vs 나르다 137
낮 vs 낯 138
낳다 vs 낫다 138
너비 vs 넓이 139
넓적하다 vs 넙적하다 139

넘어 vs 너머 140
놀라다 vs 놀래다 140
늘이다 vs 늘리다 141

ㄷ ㄹ ㅁ

다르다 vs 틀리다 141
다리다 vs 달이다 142
다치다 vs 닫히다 142
닫다 vs 닿다 143
달리다 vs 딸리다 143
당기다 vs 땅기다 144
대개 vs 대게 144
대로 vs 데로 145
-던지 vs -든지 145
덥다 vs 덮다 146
두껍다 vs 두텁다 146
뒤- vs 뒷- 147
드러내다 vs 들어내다 147
들렀다 vs 들렸다 148
들이켜다 vs 들이키다 148
때다 vs 떼다 149
떨다 vs 털다 149
띄다 vs 띠다 150
-로서 vs -로써 150
맞추다 vs 맞히다 151

찾아보기 319

맏다 vs 맞다 151
매우 vs 너무 152
머지않다 vs 멀지 않다 152
메다 vs 매다 153
목 vs 몫 153
몹쓸 vs 못 쓸 154
무르다 vs 물리다 154
묵다 vs 묶다 155
묻히다 vs 무치다 155
물의 vs 무리 156
미처 vs 미쳐 156

ㅂ ㅅ

바꾸다 vs 고치다 157
−박이 vs −배기 157
반듯이 vs 반드시 158
배다 vs 베다 158
벌리다 vs 벌이다 159
벗어지다 vs 벗겨지다 159
보전 vs 보존 160
봉우리 vs 봉오리 160
부리 vs 입 161
부수다 vs 부시다 161
부치다 vs 붙이다 162
붇다 vs 붓다 162

비껴가다 vs 비켜 가다 163
비추다 vs 비치다 163
빌다 vs 빌리다 164
빗다 vs 빚다 164
삐치다 vs 삐지다 165
삯 vs 싹 165
섞다 vs 썩다 166
세다 vs 새다 166
손자 vs 손주 167
수− vs 숫− 167
시키다 vs 식히다 168
쌓이다 vs 싸이다 168

ㅇ ㅈ

안다 vs 앉다 169
안치다 vs 앉히다 169
안 하다 vs 않다 170
알맞은 vs 맞는 170
알은체 vs 아는 체 171
얇다 vs 엷다 171
어떡해 vs 어떻게 172
업다 vs 엎다 172
연애 vs 연예 173
−예요 vs −이에요 173
−오 vs −요 174

왠 vs 웬 174
윗– vs 웃– 175
유래 vs 유례 175
–율 vs –률 176
–이 vs –히 176
이따가 vs 있다가 177
이루다 vs 이르다 177
이빨 vs 이 178
익다 vs 읽다 178
일절 vs 일체 179
잃다 vs 잊다 179
자갈 vs 재갈 180
작다 vs 적다 180
–장이 vs –쟁이 181
저리다 vs 절이다 181
전통 vs 정통 182
젓 vs 젖 182
젓다 vs 젖다 183
조리다 vs 졸이다 183
조종 vs 조정 184
좇다 vs 쫓다 184
주의 vs 주위 185
주최 vs 주체 185
지양 vs 지향 186
집다 vs 짚다 186

짓다 vs 짖다 187
째 vs 채 187
찢다 vs 찧다 188

ㅊ ㅋ ㅌ ㅍ ㅎ

참아 vs 차마 188
처지다 vs 쳐지다 189
출연 vs 출현 189
켜다 vs 키다 190
텃세 vs 텃새 190
펴다 vs 피다 191
하므로 vs 함으로 191
한참 vs 한창 192
해치다 vs 헤치다 192
햇빛 vs 햇볕 193
혼동 vs 혼돈 193

찾아보기 321

3장
꼭 알아야 할 띄어쓰기

가량 : 한 시간가량(○) 한 시간 가량(×) 196
간 : 친구 간(○) 형제간(○) 196
같이 : 꽃같이(○) 친구와 같이(○) 197
개 : 한 개(○) 한개(×) 197
거야 : 갈 거야(○) 갈거야(×) 198
걸 : 할걸(○) 한다는 걸(○) 198
것 : 내 것이다(○) 내것이다(×) 199
겠다 : 해야겠다(○) 해야 겠다(×) 199
겸 : 시인 겸 가수(○) 시인겸 가수(×) 200
구나 : 예쁘구나(○) 예쁘 구나(×) 200
그동안 : 그동안(○) 그 동안(×) 201
그중 : 그중에서(○) 그 중에서(×) 201
날 : 소풍날(○) 개학 날(○) 202
내 : 학교 내(○) 학교내(×) 202
대 : 일 대 일(○) 일대일(○) 203
대로 : 너대로(○) 있는 대로(○) 203
더욱더 : 더욱더(○) 더욱 더(×) 204
더 이상 : 더 이상(○) 더이상(×) 204
데 : 가는데(○) 가는 데(○) 205
도와드리다 : 도와 드린다(○) 도와드린다(○) 205
동안 : 방학 동안(○) 방학동안(×) 206

듯 : 할 듯(○) 할듯(×) 206
듯하다 : 올 듯하다(○) 올 듯 하다(×) 207
등 : 배, 사과 등(○) 배, 사과등(×) 207
때 : 웃을 때(○) 웃을때(×) 208
때문에 : 나 때문에(○) 나때문에(×) 208
라고 : "네."라고(○) "네." 라고(×) 209
마다 : 사람마다(○) 사람 마다(×) 209
마저 : 너마저(○) 마저 하다(○) 210
만 : 공부만(○) 일주일 만에(○) 210
만큼 : 너만큼(○) 아는 만큼(○) 211
만하다 : 할 만하다(○) 할 만 하다(×) 211
말고 : 그렇고말고(○) 울지 말고(○) 212
말없이 : 말없이(○) 말 없다(○) 212
맨 : 맨 처음(○) 맨발(○) 213
머리 : 단발머리(○) 단발 머리(×) 213
몇 : 몇 명(○) 몇명(×) 214
못되다 : 못되다(○) 못 되다(○) 214
못하다 : 못하다(○) 못 하다(○) 215
밖에 : 나밖에(○) 대문 밖에(○) 215
밤 : 어젯밤(○) 오늘 밤(○) 216
번째 : 첫 번째(○) 첫번째(×) 216
보고 : 나보고(○) 나 보고(×) 217
보다 : 동생보다(○) 동생 보다(×) 217
부터 : 지금부터(○) 지금 부터(×) 218
불나다 : 불나다(○) 불 나다(×) 218

뻔하다 : 빠질 뻔하다(○) 빠질뻔 하다(×) 219
뿐 : 너뿐이다(○) 다를 뿐이다(○) 219
산 : 한라산(○) 한라 산(×) 220
상 : 지구 상(○) 인터넷상(○) 220
새 : 새 책(○) 새책(×) 221
선생님 : 김구 선생님(○) 김구선생님(×) 221
성싶다 : 될 성싶다(○) 될 성 싶다(×) 222
수 : 볼 수 있다(○) 볼수 있다(×) 222
시 : 비행 시(○) 비상시(○) 223
식 : 서양식(○) 그런 식(○) 223
씨 : 민수 씨(○) 김씨(○) 224
안되다 : 안되다(○) 안 되다(○) 224
어린아이 : 어린아이(○) 어린 아이(×) 225
-어하다 : 맛있어하다(○) 싶어 하다(○) 225
올봄 : 올봄(○) 올 봄(×) 226
왜냐하면 : 왜냐하면(○) 왜냐 하면(×) 226
우리 : 우리 학교(○) 우리나라(○) 227
은/는 : 동생은(○) 동생 은(×) 227
이/그/저 : 이것(○) 이 사람(○) 228
이 중 : 이 중(○) 이중(○) 228
잘살다 : 잘살다(○) 잘 살다(○) 229
전 : 전 세계(○) 전세계(×) 229
전/후 : 며칠 전(○) 며칠전(×) 230
제 : 제1회(○) 제 1회(×) 230
좀 더 : 좀 더(○) 좀더(×) 231

줄 : 하는 줄(○) 하는줄(×) 231

중 : 수업 중(○) 수업중(×) 232

지 : 만난 지(○) 만난지(×) 232

짜리 : 천 원짜리(○) 천 원 짜리(×) 233

처럼 : 새처럼(○) 새 처럼(×) 233

척하다 : 척하다(○) 척 하다(×) 234

초등학교 : 미래 초등학교(○) 미래초등학교(○) 234

커녕 : 알기는커녕(○) 알기는 커녕(×) 235

큰소리치다 : 큰소리치다(○) 큰소리 치다(×) 235

큰일 : 큰일(○) 큰 일(×) 236

텐데 : 할 텐데(○) 할텐데(×) 236

하고 : 친구하고(○) 친구 하고(×) 237

하나둘 : 하나둘(○) 하나 둘(×) 237

하다 : 공부하다(○) 공부 하다(×) 238

하루 종일 : 하루 종일(○) 하루종일(×) 238

한 번 : 한 번(○) 한번(○) 239

해 질 녘 : 해 질 녘(○) 해질녘(×) 239

찾아보기 325

4장
예쁜 우리말 익히기

가댁질 242
가두리 242
가랑비 243
가풀막 243
갈무리 244
개미장 244
개숫물 245
검기울다 245
겨끔내기 246
고드름장아찌 246
곰비임비 247
글속 247
길섶 248
길짐승 248
까치발 249
꽃구름 249
꽃보라 250
꽃샘바람 250
나들목 251
나비눈 251
난바다 252
낫낫하다 252

내림 253
너나들이 253
너럭바위 254
너울 254
달구치다 255
돋을볕 255
돋을새김 256
동아리 256
둔치 257
뒤쓰레질 257
땅별 258
똘기 258
뜻매김하다 259
마음자리 259
먼지잼 260
모꼬지 260
모둠 261
미리내 261
미쁘다 262
밑글 262
바람꽃 263
별똥별 263
불잉걸 264
사르다 264
사리 265
사시랑이 265

살눈 266
살피 266
삿갓구름 267
샐쭉하다 267
샛강 268
샛별 268
생게망게하다 269
서리가을 269
서리꽃 270
선웃음 270
성기다 271
소나기밥 271
속긋 272
손갓 272
손톱달 273
시나브로 273
알심 274
알음 274
애면글면 275
애오라지 275
애잔하다 276
에움길 276
여울 277
여의다 277
연모 278
올림말 278

옹글다 279
우듬지 279
자발없다 280
잠포록하다 280
적바림 281
주저리주저리 281
줏대 282
쥐코밥상 282
진지 283
짱짱하다 283
차림표 284
찬바람머리 284
치렛거리 285
치사랑 285
톺아보다 286
푸서리 286
풀땜질 287
풋낯 287
하늬바람 288
한길 288
한무릎공부 289
한올지다 289
해거름 290
허방 290
헤살 291
활개 291

초판 1쇄 발행 2021년 7월 23일
초판 2쇄 발행 2022년 6월 28일

글 이미선
그림 권석란
펴낸이 박수길
펴낸곳 (주)도서출판 미래지식
디자인 design ko

주소 경기도 고양시 덕양구 통일로 140 삼송테크노밸리 A동 3층 333호
전화 02)389-0152
팩스 02)389-0156
홈페이지 www.miraejisig.co.kr
전자우편 miraejisig@naver.com
등록번호 제 2018-000205호

* 이 책의 판권은 미래지식에 있습니다.
* 값은 표지 뒷면에 표기되어 있습니다.
* 잘못된 책은 구입하신 서점에서 바꾸어 드립니다.

ISBN 979-11-91349-13-9 74700
      979-11-91349-12-2 (세트)

* 미래주니어는 미래지식의 어린이책 브랜드입니다.